Y6626
A.

COMMENTAIRES

DV Sr DE CHAVIGNY

BEAVNOIS SVR LES CENTV-

RIES ET PROGNOSTICATIONS
de feu M. Michel de Noſtradamus Conſeiller & Medetin ordinaire des Tres Chreſtiens
Henry II. du nom. François II. & Charles IX.
Roys de France.

Contenant ſommairement les troubles, diuiſions, partialitez, & guerres ciuiles, aduenuës tant en ce Royaume de France que ailleurs depuis l'an 1534. iuſques à preſent.

A PARIS.

Pour Anthoine du Brveil, Libraire de-
meurant au bout du pont Sainct Michel,
au marché neuf pres la Boucherie.

M. D. XCVI.

Auec priuilege du Roy.

Extraict du Priuilege du Roy.

PAr grace & priuilege du ROY, il eſt permis à Anthoine du Brueil, & Gilles Robinot libraires, demeurans à Paris, d'imprimer ou faire imprimer vn liure intitulé *Commentaires du S. de Chauigny, ſur les Centuries & Prognoſtications de M. Michel de Noſtradamus,* & treſexpreſſes deféces ſont faictes à tous Libraires & Imprimeurs de ce Royaume les imprimer ou faire imprimer, ſans le congé & conſentement deſditz du Brueil & Robinot, pendant le temps & terme de ſix ans entiers & accomplis, ſur peine de confiſcation des impreſſions qui en ſeront trouuees & d'amende arbitraire, comme plus amplement eſt contenu & declaré és lettres dudit Priuilege. Donné à Paris le treizieſme de Iannier. Mil cinq cens quatre-vingts ſeize.

Par Le Conſeil,
Signé DENIS.

BRIEF
DISCOVRS SVR LA VIE
DE M. MICHEL DE NOS-
TRE DAME, IADIS CONSEILLER
& Medecin ordinaire des TresChre-
ſtiens, Henry II. du nom, François II.
& Charles IX. Roys de France.

ICHEL de Noſtredame le plus renommé & fameux qu'ait eſté de longs ſiecles en la prediction qui ſe tire de la cognoiſſance, & iugement des Aſtres, naſquit en la ville de Sainct Remy en Pro- uence l'an de grace 1503. vn Ieudy 14. Decem- bre, enuiron les 12. heures de midy. Son pere fut Iaques de Noſtredame Notaire du lieu: ſa mere Renée de Sainct Remy, dont les ayeuls paternels *L'vn s'a-* *peloit Pierre* & maternels furét perſónages bié verſez aux ſciē *de Noſtre-* ceſde Mathematique & Medecine: cóme Medecis *dame, l'au-* qu'ils eſtoient, l'vn de René Roy de Hieruſalem *tre Iehan de* & de Sicile, Comte de Prouéce, & l'autre de Iean *S. Remy.* Duc de Calabre, fils dudit Roy René. Qu'eſt pour clorre la bouche à d'aucuns enuieux, quel- ques grands Dictateurs qu'ils ſoyét aux ſciences, qui ont meſdit de ſon origine, mal informez de la verité. Dont vient que noſtre Auteur en ſes Commentaires dit avoir receu comme de main en main la cognoiſſance des Mathematiques de ſes antiques progeniteurs. Et en la preface ſur ſes Centuries, Que la parolle hereditaire de l'occul- te prediction ſera dans ſon eſtomac intercluſe. Apres le treſpas de ſon biſayeul maternel, qui luy auoit donné comme en ioüant vn premier gouſt des celestes sciences (ainsi qu'auons escrit ailleurs amplement) il fut enuoyé en Auignon pour apprendre les lettres humaines. De là il vaqua fort heureusemét à la Philosophie, & theorie de Medecine dans l'vniuersité de Montpellier iusques à ce qu'à l'occasion d'vne pestilence qui suruint au pays, prist sa route deuers Narbonne, Tholouse, Bourdeaux: ausquelles villes & citez donnant ses premiers coups d'essay, tira premierement fruict de ses labeurs, & lors il menoit là 22. de son eage. Ayāt seiourné quatre ans en ces quartiers pratiquant la Medecine, il luy sembla bon retourner à Montpellier, pour se recuire & passer au Doctorat: ce qu'il fist en peu de temps, nõ sans preuue, loüange & admiration de tout le College. Passant à Tholouse, vint à Agen, ville sur la riuiere de Garône. où Iule Cesar Scaliger l'arresta, personnage de signalée & rare eruditiõ, ainsi que chacun sçait, auec lequel il eut grande familiarité qui toutesfois se chāgea quelque temps apres en forte simulté & pique, ainsi qu'aduient souuent entre les doctes, & se peut colliger par leurs escrits. Là prist à femme vne fort honorable Damoiselle, de laquelle il eut 2 enfans, masle & femelle. Lesquels decedez, se voyāt seul & sans cõpagnie, delibera soy retirer du tout en Prouence son naturel pays. Arriué à Marseille, vint à Aix parlemét de Prouence, où il fut trois années aux gages de la cité, du téps que la peste s'y eleua en l'an de CHRIST 1546. telle, si furieuse & cruelle, que la descrite le Seigneur de Launay en son Theatre du monde, selon les vrais rapports, qui luy en furent faits par nostre Auteur. De là venant à Salõ de Craux, ville distāte d'Aix d'vne petite iournée, & michemin d'Auignon & Mar-

feille, il fe maria en fecódes nopces. Où preuoyát
les infignes mutations & changemés aduenir en
l'Europe vniuerfellement, & mefmes les guerres
ciuiles & fanglantes, & les troubles pernicieux
de ce Royaume Gaulois fatalement s'approcher
plein d'vn enthufiafme, & comme raui d'vne fureur toute nouuelle, fe mift à efcrire fes Centuries, & autres prefages commençant ainfi,

D'ESPRIT *diuin l'ame prefage atteinte*
Trouble, famine, pefte, guerre courir,
Eau, ficcite, terre & mer de fang teinte:
Paix, trefue, à naiftre, Prelats, Princes mourir.

Lefquelles il garda long temps fans les vouloir
publier, eftimant que la nouuelleté de la matiere
ne failliroit luy fufciter infinies detractions, ca-
lomnies & morfures plus que venimeufes, ainfi
qu'il aduint.   A la parfin vaincu du defir qu'il a-
uoit de profiter au public, les mift en lumiere,
dont tout incontinent le bruit & renómee cou-
rut par la bouche de noz hommes & des eftrangers auec grandiffime admiration. De ce bruit &
fame empennée efmeu le tres puiffant Henry II.
Roy de France, l'enuoya querir pour venir en
Cour l'an de grace 1 5 5 6, & ayát auec iceluy có-
muniqué de chofes grandes, le renuoya auec
prefens. Quelques ans apres Charles IX. fon fils
vifitant fes prouinces (que fut 1 5 6 4.) & ran-
geant foubs la douceur de la paix fes villes muti-
nées, entrant en Prouéce, ne voulut faillir de vi-
fiter ce Prophete, & vrayement heroë, & vfant
enuers luy de liberalité Royalle, l'honnora de l'e
ftat de Confeillier & fien Medecin ordinaire. Ce
feroit chofe trop prolixe, fi ie voulois icy deduire
par efcrit ce qu'il a predit tant en fpecial, que general, & fuperflue combiende gens doctes ,grãds

Seigneurs & autres arriuoyent à luy de toutes parts & regions, comme à vn oracle: & ce que S. Hierofme difoit de Tite Liue, ie le puis affermer de cestuy, que venans en la France, cerchoyent en icelle autre chofe pour voir. A ce voyage du fuf-dit Roy Charles il paffoit foixāte ans, & deuenāt fort caduque & debile, pour les maladies qui fou uent l'affligeoyent, mefme vne arthritis & goutte attentoit conftamment fon an climacterique, au-quel il deceda, fçauoir le fecond de Iuillet 1566. peu deuant le Soleil leuant, paffant icelle arthri-tis en hydropifie, qui au bout de huit iours le fuf-foqua.   Que le temps de fon trefpas luy fut notoire, mefmes le iour, voire l'heure, ie le puis tefmoigner auec verité.   Me fouuenant trefbien que fur la fin de Iuin, ladite annee, il auoit efcrit de fa main aux Ephemerides de Iean Stadius, ces mots Latins, *Hic prope mors eft.* C'eft à dire, Icy proche eft ma mort.   Et le iour deuant qu'il fift efchange de cefte vie à l'autre, luy ayant affifté bien longuement, & fur le tard prenant congé de luy iufques au lendemain matin, il me dit ces pa-rolles, Vous ne me verrez pas en vie au Soleil le-uant. Sur fon Sepulchre fut infcrit & graué tel Epitaphe, fait à l'imitation de celuy de ce grand Tite Liue (que cy deffus auons touché) hiftorio-graphe Romain, qui auiourd'huy fe void en l'E-glife des Cordeliers de Salon, où le corps d'iceluy fut enfeuely honorablement & porté. Qui pour eftre allegué cy apres en Latin, tel qu'il eft infcul-pé, ie le traduiray ainfi.

CY REPOSENT LES OS DE MICH. DE NOSTREDAME, DVQVEL LA PLVME PRESQVE DIVINE A ESTE DE TOVS

ESTIMEE DIGNE DE TRACER ET
RAPPORTER AVX HVMAINS SE-
LON L'INFLVENCE DES ASTRES,
LES EVENEMENS A VENIR PAR
DESSVS TOVT LE ROND DE LA
TERRE

IL EST TRESPASSE A SALON DE
CRAVX EN PROVENCE L'AN DE
GRACE M. D. LXVI. ET SECOND DE
IVILLET, EAGE DE LXII. ANS, SIX
MOIS, XVII. IOVRS.

O POSTERES, NE TOVCHEZ A SES
CENDRES, ET N'ENVIEZ POINT LE
REPOS D'ICELVY.

Il estoit de stature vn peu moindre que la mediocre, de corps robuste, alegre & vigoureux. Il
auoit le front grand & ouuert, le nez droit & es-
gal, les yeux gris, le regard doux & en ire comme
flaboyant, le visage seuere & riant, de sorte qu'a-
uec la seuerité se voyoit en iceluy coniointe vne
grande humanité: les iouës vermeilles, voire iusques à l'extreme eage, la barbe lôgue & espoisse,
la santé bône & gaillarde, si no⁹ exceptôs la viel-
lesse, & tous les sens aigus & tres entiers. Quand
à l'esprit, il l'auoit vif & bon, côprenant legere-
ment tout ce qu'il vouloit: le iugement subtil, la
memoire felice & admirable, de nature taciturne
pésant beaucoup & parlât peu: discourât tresbien
en téps & lieu: au reste vigilât, prôpt & soudain,
cholere, patient du labeur. Son dormir n'estoit
que de quatre à cinq heures: loüât & aimât la liberté de lâgue, ioyeux, facetieux, mordât en riât.
Il approuuoit les ceremonies de l'Eglise Romaine, & tenoit la foy & religion Catholique: hors

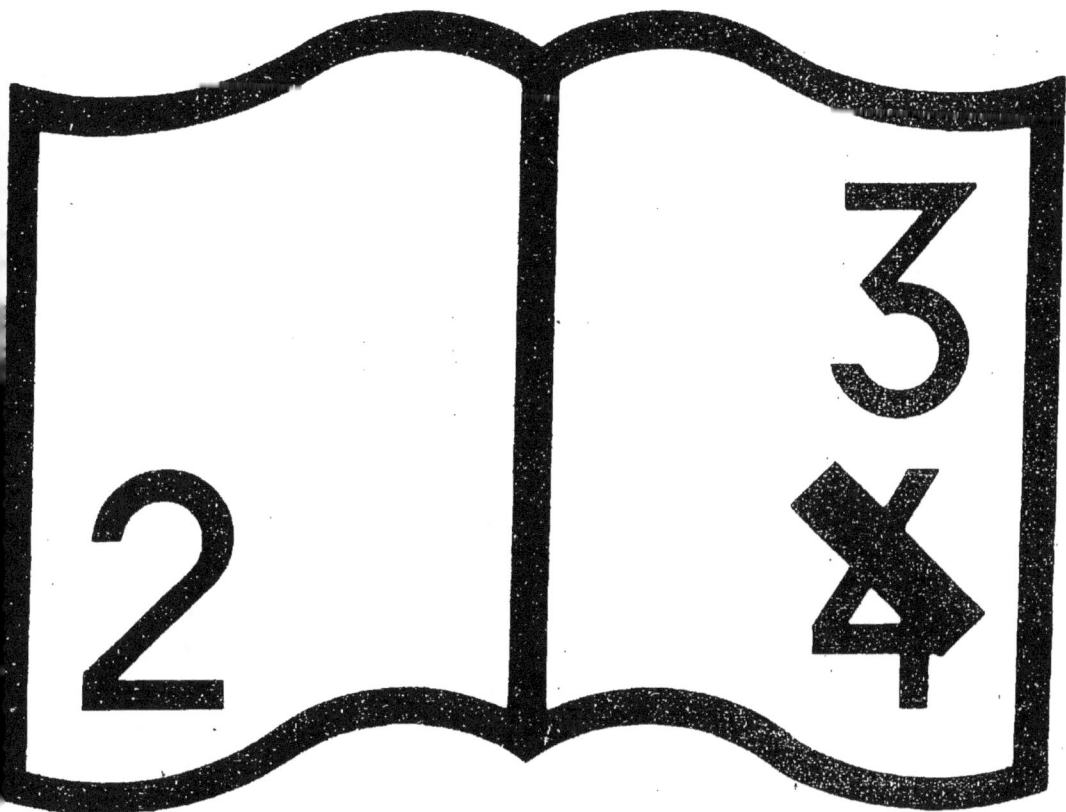

Pagination incorrecte — date incorrecte

NF Z 43-120-12

de laquelle il asseuroit n'estre point de salut. Et re
prenoit grieuemét ceux, qui retirez du sein d'icel
le, se laissoyent apaster & abruuer de douceur &
liberté des doctrines esträgeres & dänables: affer
mant que la fin leur en seroit mauuaise & pernicieuse. Ie ne veux oublier à dire qu'il s'exerçoit
volötiers en ieusnes, oraisons, ausmones, à la pa-
tience: ab horrissoit le vice & le chastioit seuere-
ment, voir me souuiét q̃ dönät aux pauures (enuers lesquels il estoit fort liberal & charitable) il
auoit ce mot en bouche ordinairement, tiré de
l'Escriture saincte, Faites voᵘ des amis des riches-
ses d'iniquité. De sa secóde féme il a laissé six enfans trois fils & 3 filles. Le 1 des masles nómé Cesar, personnage d'vn fort gaillard & gétil esprit,
est celuy auquel il à dedié ses Céturies premieres
duquel nous deuons esperer de grandes choses si
vray est ce q̃ i'en ay trouué en plusieurs lieux des
Cómétaires de sódit pere, notámét sur l'ä 1559, &
mois de Iuillet, où ie renuoye le lecteur. Entre au
tres enfätemés de son esprit fecond, q̃ ie passe icy
soubs siléce, il a escrit x i i. Céturies de predictiós
cóprises brieuemét par quatrains, q̃ du mot Grec
il a intitulé Propheties: dót trois se trouuent im-
parfaites, la v i i xi. & x i i. Ces deux dernieres
ont lóg téps tenu prisó & tiénét encores pour la
malice du téps, en fin noᵘ leur ouurirós la porte.
Nous auós de luy d'autres presages en prose, faits
puis l'an 1550. iusques à 67. qui colligez par
moy la plus part & redigez en x i i. liures, sont
dignes d'estre recommandez à la posterité. Ceux
cy comprennent nostre histoire d'énuiron cent
ans, & tous noz troubles, guerres & menées
depuis vn bout iusques à l'autre.

COMMEN-

COMMENTAIRES DV SIEVR

de Chauigny Beaunois, ſur les Centuries & Prognoſtications de feu M. Michel de Noſtradamus, Conſeiller & Medecin ordinaire des Tres-Chreſtiens Henry II. du nom, François II. & Charles IX. Roys de France:

Contenant ſommairement les troubles, diuiſions, partialitez, guerres ciuiles aduenuës tant en ce Royaume de France que ailleurs, depuis l'an 1534. iuſques à preſent.

D'VN PRESAGE SVR L'AN 1555.

1 [a] D'Eſprit diuin l'ame preſage atteinte
Trouble, famine, peſte, guerres courir,
Eaux, ſiccitez, terre & mer de ſang teinte,
Paix, trefue, [b] à naiſtre, Prelats, Princes mourir.

B

^a Fort prolixe, mais belliſſime propoſition, pleine d'eſtonnement & admiration ^b L'auteur promet parler des Roys, Princes & Prelats, autant de ceux qut ſont à naiſtre, que de ceux qui doiuent mourir pendant le temps des guerres ciuiles, tant de leur mort naturelle qu'autrement accelerée.

CENT. I. QVAT. 15.

2 ^a *Mars nous menace par ſa force bellique*
^b *Septante fois faire le ſang eſpandre:*
^c *Auge & ruine de l'Eccleſiaſtique,*
Et plus ceux qui d'eux rien voudront entendre.

^a Ailleurs il dit, Tant d'ans les guerres en Gaule dureront. ^b Le nombre de ſept eſt plein de myſteres : & par pluſieurs exemples pris tant du vieil que du nouueau Teſtament appert que D I E V a de couſtume punir les pechez des hommes par ce nombre icy, ſoit és temps, ſoit és generations, és perſonnes, où és choſes. Et cy apres ſera dit, Septante parts naiſtre nouuelle ligue. ^c A V G E, augmentation: mais ruine premierement de l'Eccleſiaſtique, puis augmentation, & ruine ſeulement des autres.

CENT. 3. QVAT. 67.

3 ^a *Vne nouuelle ſecte de Philoſophes*
Meſpriſant mort, or, honneurs & richeſſes:
^b *Des monts Germains ils ſeront limitrophes:*
A les enſuiure auront appuis & preſſes.

^a Voy la Chronique de Iean du Tillet & de Genebrard ſur la venuë des ſectes en France. ^b Il note l'origine de celle ſecte nouuelle.

CENT. 3. QVAT. 76.

4 ^a *En Germanie naiſtront diuerſes ſectes,*
^b *Approchans fort de l'heureux paganiſme.*
^c *Le cueur captif, & petites recettes*
Feront retour à payer ^d *le vray diſme.*

^a La Germanie fertile en ſectes. ^b L'Auteur n'appreuue la diuerſité des ſectes Germaniques. ^c Ces deux vers touchent l'aduenir. ^d Vray diſme de retour.

CENT. 2. QVAT. 35.

5 ^a *Dans deux logis de nuit le feu prendra,*
Pluſieurs dedans eſtoufez & rouſlis:
^b *Pres de deux fluues pour le ſeur aduiendrā*
^c *Sol Arc, Caper.* ^d *tous ſeront amortis.*

^a Il ſemble que noſtre Auteur conioigne icy deux hiſtoires de ſemblable ſuccez & accident, l'vne paſſée, l'autre à venir. Ce que ie collige principalement du dernier vers de ce quatrain. Voy Paradin en ſon hiſtoire de Lyon li. 3. chap. 22. où il racompte au long l'accident deplorable qui i aduint à Lyon en ce temps & regne d'vne compagnie de marchans brulez tous vifs en l'hoſtellerie de la teſte d'argent, ruë de la Grenette. ^b Il eſt plus vray ſemblable interpreter cecy de ladicte ville de Lyon, ou confluent deux grandes riuieres le Rhoſne & la Saone, que d'vne autre. ^c Le Soleil ſe pourmene dans l'Arc ou Sagittaire dés la my Nouembre iuſques à my Decembre : & dans le Cheurecorne dés la my Decemb. iuſques à my Ianuier, là enuiron. ^d Il n'en eſchapera pas vn, tous ſeront eſteins & ſuffoquez.

CENT. II. QVAT. 91.

6 [a] *Meyſnier, Manthi, & le tiers qui viendra*
Peſte & nouueau inſult, enclos troubler:
[b] *Aix & les lieux fureur dedans mordra.*
Puis les Phocens viendront leur mal doubler.

[a] Iean Meyſnier Baron d'Oppede, premier Preſident au Parlement d'Aix en Prouence, fait grand maſſacre des Vauldois à Merindol, Cabrieres, Mus, la Coſte, en Auril 1545. Sleidan li. 16 de ſes Commentaires. [b] Ces deux vers ne ſont de ce temps icy.

CENT. 6. QVAT. 70.

7 [a] *Vn Chef du monde le grand* [b] CHIREN *ſera:*
[c] PLVS OVTRE *apres aimé, craint redoubté.*
[d] *Son bruit & loz les cieux ſurpaſſera,*
Et du ſeul titre Victeur, fort contenté.

[a] Henry II. vient à la Couronne de France le 31. de Mars 1547. [b] CHIREN, mot contourné de HENRIC. [c] Deuiſe du grand Empereur Charles le Quint, par laquelle il eſt icy entendu. [d] En l'an 1552. Henry II.e donne ſecours aux Allemans affligez, & par iceux eſt appellé Protecteur du ſainct Empire.

CENT. I. QVAT. 14.

8 [a] *De gent eſclaue chanſons, chants & requeſtes,*
Captifs par Princes & Seigneurs aux priſons,
A l'adeuenir par [b] *idiots ſans teſtes*
Seront [c] *receus pour diuins oraiſons.*

[a] Il veut dire, Gent de baſſe eſtoffe: le Poëte les appelle hommes incognus, barbus, crineux, craſſeux & deminus. [b] Icy l'Auteur deſire le iugement de ceux qui ſe laiſſent apaſter & prendre de la douceur & liberté des doctrines eſtrangeres. [c] Prieres Huguenotes receuës de pluſieurs auec le temps, pour bonnes & diuines.

SVR L'AN 1555.

9 *La mer Tyrrhene, l'Ocean par la garde*
Du grand Neptun & fes tridens foldats.
Prouence feure par la main du grand b *Tende.*
Tlus Mars Narbon l'heroiq de Vilars.

ᵃ Il loïfe & recommande trois Gouuerneurs de ce temps là, le Baron de la Garde Admiral des mers du Ponant & du Leuant, pour le fait marin: le Comte de Tende & Seigneur, de Vilars pour la fongneufe garde, cure & vigilance fur les prouinces à iceux ordonnees, Languedoc & Prouence. ᵇ De ce vieil Comte de Tende nous auons vne plaifante hiftoire dans les Prefages Profaïques de noftre Auteur par moy colligez, li. premier. Retournant de Lyon cefte mefme annee pour aller en Prouence, fe mift fur le Rhofne, aduint que le bateau s'enfonçant, ledit Comte tomba dans l'eau iufqu'au menton, & en beuft fon faoul. Ce que noftredit Prognoftiqueur luy auoit predit auparauant par ces paroles vn peu ambigues, Noftre Gouuerneur en buuant fera furpris

CENT. 6. QVAT. 75.

10 ᵃ *Le grand Pilote fera par Roy mandé*
Laiffer la chaffe, ᵇ *à plus haut lieu atteindre.*
ᶜ *Sept ans apres fera contrebandé.*
ᵈ *Barbare armée viendra Venife caindre.*

ᵃ Ce grand Pilote, eft Gafpar de Colligny, feigneur de Chaftillon qui fut pourueu de l'Eftat d'admiral de France, par le Roy Henry II. au lieu de Meffire Cl. d'Annebault, qui mourut à la Fere en Picardie, 1552. Lors eftant Colonnel de l'infanterie Françoife. Piguerre. ᵇ Il fut fait grand Maiftre de l'artillerie de France : & outre-plus eut le gouuernement de Picardie, Noel des Comtes, & Annales de France. ᶜ Affauoir 1562. ᵈ Ce dernier vers n'appartient à ce temps.

D'VN PRESA. SVR MAY. 1555.

11 a *Le cinq, six, quinze, tard & tost l'on seiourne.*
  b *Le né sans fin: les citez reuoltées.*
  c *L'heraut de paix vint & trois s'en retourne.*
  d *L'ouuert cinq serre, nouuelles inuentées.*

    a Le cinq, le six, puis le quinziesme iour de ce mois, sont assignez pour le traitement de paix entre l'Espagnol & le François. b Ce 2. vers n'est de ce temps & année. c Le Card. Pol d'Angleterre auec plusieurs grands Seigneurs assemblez le 13 pour la paix, s'en retournent sans rien faire. d C'est hemistiche m'est incogneu.

CENT. I. QVAT. 59.

12 a *Les Exilez deportez dans les Isles:*
  b *Au changement d'vn plus cruel Monarque*
Seront murtris, c *& mis dans les scintilles,*
Qui de parler ne seront esté parques.

    a Par les Exilez il entend vn nombre de Caluinistes, qui voyagerent és terres du Bresil en May 1555. souz la conduite du Cheualier de Villegagnon. 2. Il semble designer le meurtre qu'en fist faire Charles ix. 1572. c Ceste queuë est plus conuenable à ce temps, auquel flamboyoyent les feux parmy la France.

CENT. 2. QVAT. 7.

13 *Entre plusieurs aux isles deportez,*
  a *L'vn estre né à deux dents à la gorge:*
  b
  c *Mourront de faim, les arbres esbroutez:*
Pour eux neuf Roy nouuel edit leur forge.

    a Nous ignorons qui est ce dentu dés sa natiuité b Sur cecy voy Iean de Leiry en son Amerique, c Ce nouueau Roy est le susdit Cheualier de Villegagnon.

SVR SEPTEMB. 1555.

14 ^a *Pleurer le ciel: à il cela ſait faire?*
La mer s'appreſte. ^b *Annibal fait ſes ruſes.*
Denys mouillé. claſſe tarde ne taire
N'a ſceu ſecret. Et à quoy tu t'amuſes?

a La riuiere de Seine deborda pluſieurs fois ceſte annee au temps
d'hyuer Annales de France. ^b Qui eſt ceſt Annibal il ſe dira cy apres.

SVR MARS. 1555.

15 ^a *O Mars cruel, que tu ſeras à craindre!*
Plus eſt la Faux auec l' Argent conioint.
Claſſe, copie, eau, vent. lombriche caindre.
^b *Mer, terre treſue* ^c *l'ami à L. V. s'eſt ioint.*

a Ces trois vers premiers ſeront ailleurs touchez. ^b Sur la fin
du mois de Ianuier, treſues ſont accordées entre les Roys d'Eſpagne
& de France pour cinq ans renoluz & finis: ceſſans toutes guerres &
diſcordes d'vne part & d'autre, & les traitez de toutes trafiques &
commerces de marchandiſes en leurs pays & contrees, tant ſur terre
que ſur mer ouuertes & libres Rabutin au 8 li. de ſes Commentaires.
c Qui eſt ceſt amy ioint à l'Emp Charles le v. (il ſemble que c'eſt L &
V. ſe doiuent ainſi entendre) ne ſe peut dire, s'il ne ſe prend de Iules
III és renouuellemens de guerre, qui ſe demenoient en Italie l'an
1555. Surquoy voy ledit Rabutin, & Onuphre en la vie dudit Pape.

SVR L'AN 1559.

16 *Pœur, glas, grand pille.* ^a *paſſer mer, croiſtre re-*
Sectes, Sacrez outre mer plus polis.   (gne.
Peſte, chaut, ſeu, ^b *Roy d'Aquilon l'enſeigne.*

ᵃ Second voyage d'aucuns Catholiques & Caluiniftes, enfemble
és terres du Brefil le 19.No Voy Theuct & Lery. ᵇ Cecy eft difficile
à deuiner. ᶜ Ces voyageurs ayans bafty quelques maifons au bord
de la mer, appellent cela HENRIPOLIS.

SVR DECEMBRE. 1555.

17 ᵃLa porte ᵇexclame trop ᶜfrauduleufe & feinte
La gueule ouuerte, ᵈcondition de paix.
Rhofne ᵉ au criftal.eau,neige,glace teinte.
La mort,mort,vent.par pluye caffé faix.

ᵃ Icy nous prenons la porte pour la Cour Papalle, & non celle du
Turc ᵇ Le Pape Paul IIII. affiegé au chafteau S Ange par les Co-
lonnois,& Vrfins,Ducs d'Albe & de Florence, demande fecours au
Roy de France par deux fois. ᶜ Ledit Pape ne tient toutes les promef-
fe qu'il auoit faites au Roy. ᵈ Vn an apres il fait paix auec le Roy
Philippes. ᵉ Se congele & roidit comme criftal.

SVR NOVEMB. 1555.

18 ᵃ Le Grand du ciel foubs la Cape donra.
Secours. ᵇ Adrie à la porte fait offre.
ᶜ Se fauuera des dangers qui pourra.
ᵈ La nuit le Grand bleffé pourfuit le coffre.

ᵃ Henry II.enuoit fecours audit Pape en plein hyuer. ᵇ Les Venitiens luy refufent ayde, ainfi que dit Onuphre en la vie dudict Pape.
ᶜ Cecy femble fe deuoir referer au voyage de Monfieur de Guyfe en
Italie & difficultez d'iceluy. ᵈ Monfieur d'Anguien mourut de telle
façon l'an 1545.

SVR IANVIER. 1555.

19 [a] *Le gros airain qui les heures ordonne,*
Sur le treſpas du Tyran caſſera:
Pleurs, plaints et cris. [b] *eaux glace pain ne dõne.*
V. S. C. [c] *paix.* [d] *l'armée paſſera.*

[a] Ces deux vers ne ſont de ce temps [b] Gelée fort aſpre durant
trois ſepmaines. [c] Treſue pour cinq ans entre le François & l'Eſpagnol. [d] Le Duc de Guyſe part de France en ce mois, paſſe les montagnes de Sauoye & les Alpes.

SVR AVRIL 1559.

20 [a] *Roy ſalué Victeur, Imperateur.*
[b] *La foy fauſſée.* [c] *le Royal fait congnu.*
[d] *Sang Mathien.* [e] *Roy fait ſuperateur*
De gent ſuperbe. humble par pleurs venu.

[a] Adulation à ſon Prince. [b] Guerre decouuerte la veille des Roys:
& quand l'Auteur dit, roy fauſſée, & Sang Mathien, ſans doute il at-
tribuë la rupture de la paix à l'Eſpagnol Voy Rabutin li. 8. de ſes commentaires. [c] Le Roy de France fait apparoir qu'il n'eſt auteur de la
rupture de la paix. [d] Sang Mathien, pour Emathien, par lequel il entend abuſiuement le Roy d'Eſpagne Philippes. [e] Cecy ſera ailleurs expliqué.

SVR IVILLET 1557.

21 [a] *L'heraut errant* [b] *du chien au lyon tourne.*
[c] *Feu ville ardra. pille, priſe nouuelle.*
Decouurir fuſtes. [d] *Princes pris. on retourne.*
Explor. pris Gall, au Grand iointe pucelle.

[a] Le 7. de Iuin le heraut d'Angleterre ſignifie la guerre au Roy e-
ſtant à Rheims de la part de la Royne Marie, à la ſollicitation du

Roy Philippes [b] Par le lyon i'enten le Roy Henry, par le chien son ennemy abbayant seulement. [c] Butinement & prise de la ville S. Quentin en Vermandois. [d] Iournée Sainct Laurens, ou furent pris les principaux de la noblesse françoise.

SVR SEPTEM. 1557

22   *Mer, terre aller.* [a] *foy, loyauté rompue.*
Pille, naufrage. [b] *à la cité tumulte.*
Fier, cruel acte. ambition repeuc.
Foible offensé: [c] *le chef du fait multe.*

[a] Encores parle il icy de celle foy & tresues rompuës par l'Espagnol. [b] Assemblée nocturne auec presche de ceux de la religion pretenduë reformée decouuerte en la ruë Sainct Iacques à Paris le 5. de ce mois selon Surius, & conduits aux prisons. Ie qui ay veu tel trouble excité en ruë S. Iaques, le remets au 10. d'Aoust precedent. [c] Plusieurs des Grands euaderent par faueur.

CENT. 2. QVATR. 20

23   [a] *Freres & sœurs en diuers lieux captifs:*
[b] *Se trouueront passer pres du Monarque:*
Les contempler ses rameaux ententifs,
Deplaisans voir menton, front, nez les marques,

[a] De ce temps là on appelloit par mocquerie les Huguenots & Huguenotes, freres & sœurs. [b] Il parle de la mesme assemblée, dont furent faits prisonniers bien six vingts, & aucuns suppliciez, que le Roy voulut voir (dit l'auteur) & Messieurs ses enfans.

SVR OCTOBRE. 1557.

24 *Froid,* [a] *grand deluge.* [b] *de regne dechassé.*
Niez, discord. Trion Orient mine.

Poiſon.mis ſiege.de la cité chaſſé.
Retour felice. neuue ſecte en ruine.

ᵃ Eſtranges deluges & inondations de riuieres à Rome, Florence,
Niſmes auec la mort & ſuffocation de pluſieurs perſonnes, le 9 & 14,
de Septembre. ᵇ La plus part de ce quatrain m'eſt obſcure & voire
inexplicable. ᶜ Retour felice du Duc de Guyſe d'italie és mois d'O-
ctobre & Nouembre. ᵈ Il preſage de fort loing ceſte ruine.

NOVEMBRE DVDIT AN.

25   ᵃ *Mer cloſe,monde ouuert,cité rendue.*
Faillir le Grand.eſleu nouueau.grand brume.
ᵇ*Floram patere,entrer camp.* ᶜ*foy rompue.*
ᵈ*Effort ſera ſeuere à blanche plume.*

ᵃ Ces 2. vers n'appartiennent à ceſt an. ᵇ Quelques trouppes du
Duc de Guyſe ſeiournerent à Monte Alcino ville de Toſcane, non
dans Florence. Onuphre. ᶜ Promeſſe du Pape Paul 4. nõ tenuë.ᵈ Tels
traits ne ſeront guere agreables au Duc de Guyſe.ou bien, Ce luy ſera
vn grand & loüable effort de r'amener d'italie ſon exercite ſain & en-
tier.

DECEMB. SVIVANT.

26   ᵃ *Tutelle à Veſte.* ᵇ*guerre meurt, tranſlatée.*
Combat naual.honneur.mort.prelature.
Entrée,decez. ᶜ*France fort augmentée.*
Eſleu paſſé.venu à la mal'heure.

ᵃ On baillera de bonnes gardes aux moniales, & Dames de reli-
gion:à vne certaine, ou à pluſieurs. ᵇ Guerre meurt entre l'Eſpagnol
& le françois tranſlatée contre l'Anglois, pour le ſiege mis deuant
Calais.ᶜ France augmentee par la priſe de Calais,Guines, Hames &
autres villes.

27 ^a *Conioint icy, au ciel appert depesche.*
^b *Prise, laissée. mortalité non seure.*
Peu pluye, entrée. le ciel la terre seche.
^c *Defait, mort, pris. arriué à mal'heure.*

^a Mariage de François premier fils de Henry 11. lors Dauphin de
France, & de Madame Marie Stuart Royne d'Escosse accomply le 24.
de ce mois. ^b Mariage peu durable par ces mots, prise laissée. ^c Cecy
m'est incognu.

SVR MAY 1558.

^a *La mer Tyrrhene de differente voile.*
^b *Par l'Ocean seront diuers assauts.*
Peste, poison, sang en ^c *maison de toile.*
^d *Presults, Legats esmeus marcher mer haut.*

^a Icy qu'elles trouppes couurent la mer Tyrrhene, ne se peut dire,
sinon qu'il dit apres, Par mer barbare banniere. ^b Les Anglois s'opi-
niastrans sur le recouurement de Calais, armerent trois fois ceste an-
née. Rabutin li. 10. & 1. ^c Maisons de toile sont nauires. ^d Au mariage
de François second auec la Royne d'Escosse plusieurs prelats passe-
rent la mer.

SVR IVIN. 1558.

29 ^a *Là ou la foy estoit sera rompue:*
Les ennemis les ennemis paistront.
Feu ciel pleuura, ardra. ^b *interrompue*
Nuit entreprise. ^c *Chefs querelles mettront.*

^a Dés l'an precedent la tresue estoit rompuë. ^b Est-ce point l'entre-
prise sur Luxembourg rompuë? ^c Mutinement grand entre les François & Allemans, Reistres, iusques à se vouloir choquer.

SVR IVILLET SVIVANT.

30 [a] *Guerre,tonnerre,* [b] *maints champs depopulez,*
Frayeur & bruit. [c] *assaut à la frontiere.*
[d] *Grand Grand failli.* [e] *pardon aux Exilez.*
[f] *Germains,Hispans.par mer Barba.banniere.*

[a] Prise de Thionuille le 22.de Iuin. [b] Arlon pres de Luxembourg
demantelée & ruinée. Luxembourg mesme tasté & recognu. [c] D'autre
costé pres de Grauelines le sieur de Termes rompu & defait. [d] Trespas de Charles le Quint presagé. [e] Cest hemistiche n'est de ce temps.
[f] Ces deux mots se doiuent ioindre aux precedents, assault à la frontiere.

SVR NOVEMB. 1557.

31 [a] *Mer close,monde ouuert.* [b] *cité rendue.*
[c] *Faillir le grand.* [d] *fleu nouueau.grand brume.*
[e] *Floram patere,entrer camp.foy rompue.*
Effort sera seuere à blanche plume.

[a] Il se ioue par vne gentille antithese. [b] Thionuille , par le traité
de paix entre l'Espagnol & le François. [c] Decez du grand Charles le
V. Empereur le 21 de ce mois. [d] Election precedente du Roy Ferdinand a l'Empire,à la sollicitation dudit Charles,le 13. de Mars . Surius. [e] Ces deux vers ont esté declarez cy deuant.

SVR DECEMBRE. 1558.

32 [a] *Ieux,festins,nopces.* [b] *mort Prelat de renom.*
[c] *Bruit,paix de trefue.* [d] *pendant l'ennemy mine.*
Mer,terre & ciel bruit. [e] *fait du grand Breñnon.*
Cris or,argent l'ennemy l'on ruine.

ᵃMariage de Charles Dᴠᴄ de Lorraine,& de ᴍ. Claude feconde
fille du Rᴏʏ Henry. ᵇ Ie croy qu'il remarque le trefpas de ce grand
Card.d'Angleterre ʀᴇginal.ᴘolus,qui fut fur la fin de ce mois. ᶜ Icy
fe commençoit à bruire de la paix,retardée par la mort de ᴍᴀʀɪᴇ ʀᴏʏ-
ne d'Angleterre,femme du ʀᴏʏ ᴘhilippes. ᵈPendant les propofitions
de paix,le plus fouuent neantmoins entre les deux camps és frontieres de ᴘicardie fe faifoient courfes,entreprifes & efcarmouches. ʀᴀ-
butin li,11.de fes Commen. ᵉ Ie n'enten rien fur le refte.

Sᴠʀ Mᴀʀs. 1558.

33   ᵃ *Vaine rumeur dedans la hierarchie.*
ᵇ *Rebeller Gennes:courfes,infults,tumultes.*
Au plus grand Roy fera la monarchie,
Election.conflict,couuerts,fepultes.

ᵃLe 17.Ianuier le pape ᴘaul 4.fait vn Confiftoire,où ayant appellé les plus Grands de fa Cour,par feueres & graues propos, commence à proceder à la reformation des abus des miniftres de l'Eglife ʀo-
maine: mefmes fait vn eftrange chaftiment de trois fiens neueux
ayans charge en l'Eglife & de fa perfonne:fçauoir, ᴅon Ioanni Caraffe, ᴅᴠᴄ de ᴘalliane:ᴅon Antonio Caraffe, ᴍarquis de ᴍontebel : &
le Cardinal Caraffe:les eflongnant de la ville de ʀome, & priuant de
toutes penfions & appointemens,qu'ils auoient du fainct fiege Omi-
phre,ʀabutin.Dont eft excité grand bruit & rumeur, mefmes de la
fufdite reformation,que noftre ᴀuteur appelle vaine,comme n'ayant
efté durable. ᵇ Ces trois vers feront ailleurs expliquez.

Sᴠʀ Iᴀɴᴠɪᴇʀ. 1559.

34 ᵃ *Plus le grand n'eftre.pluye.* ᵇ*au char le criftal.*
Tumulte efmeu.de tous biens abondance.
Razez,Sacrez, ᶜ*neufs,vieux efpouuantal.*
Efleu ingrat. ᵈ*mort,plaint.* ᵉ*ioye,alliance.*

ᵃ Mort du ʀᴏʏ Hᴇɴʀʏ 1 1.cefte année, à laquelle fuccedent tous
preparatifs de troubles. ᵇ Les charettes pafferont fur le criftal,fçauoir

ſur les fluues congelez. ᶜ Icy les Nouueaux commencent à leuer les
creſtes,& à eſpouuanter les vieux & ſacrez, qui ſont les Eccleſiaſtiques. ᵈ Mort grandement plainte. ᵉ Reſiouyſſance entre les Roys &
princes pour leurs nouuelles alliances.

FEVRIER SVIVANT.

35   ᵃ *Grain corrompu.air peſtilent.locuſtes.*
Subit cherra.noue nouuelle naiſtre.
Captifs ferrez. ᵇ *legers,haut bas,onuſtes.*
Par ſes os mal qu'à Roy n'a voulu eſtre.

   ᵃ Cheute du meſme Roy, apres laquelle les iadis captiuez porte-
ront les armes,& ſuyuront de grandes mutations. ᵇ Ces deux vers
derniers appartiennent à autre temps.

CENT. 9. QVAT. 52.

36   *La paix s'approche d'vn coſté & la guerre:*
Oncques ne fut la pourſuite ſi grande.
Plaindre homme femme,ſang innocent par terre,
Et ce ſera de France à toute bande.

   ᵃ Paix ceſte année en France,mere nourrice d'vne guerre fort cruelle pour l'aduenir.

CENT. 4. QVAT. 5.

37   ᵃ *Croix,paix ſoubs vn,accomply diuin verbe:*
ᵇ *L'Eſpagne & Gaule vnis ſeront enſemble.*
ᶜ *Grand clade proche & combat tres acerbe,*
Cueur ſi hardy ne ſera qui ne tremble.

   ᵃ La religion & la paix fleuriront ſoubs vn Roy, ſçauoir Henry 11.
ᵇ paix contre le 3.d Auril au chaſteau Cambreſis par les deputez des
Roys tres-Chreſtien & Catholique. c Cecy appartient à l'an 1562.

CENT. I. QVA. 92.

38 *Soubs vn la paix par tout sera clamée:*
Mais non long temps ^b *pille & rebellion,*
Par refus ville terre & mer entamée:
Morts & captifs le tiers d'vn million.

^a **Paix vniuerselle soubs le Roy Henry 11.de ce nom,** ^b **Ce sera en l'an 1562.funeste & malheureux à toute la Gaule.**

CENT. 2. QVAT. 38.

39 ^a *Des condannez sera fait vn grand nombre,*
^b *Quand les Monarques seront conciliez,*
^c *Mais à l'vn d'eux viendra tel malencombre,*
Que guere ensemble ne seront r'alliez.

^a **Condannez pour le fait de religion** ^b **Henry 11. & Philippes 11.**
^c **Le trespas inopiné dudit Henry empeschera toutes telles entreprises.**

SVR FEVRIER. 1555.

40 ^a *Pres du Leman la frayeur sera grande*
Par le ^b *conseil,cela ne peut faillir.*
^c *Le nouueau Roy fait aprester sa bande.*
Le ieune meurt.faim,pœur fera saillir.

^a **Geneue lors fort menacée,sçauoir est, quand les Monarques susdits seront pacifiez.** ^b **Au conseil priué de leurs Magestez auoit esté arresté qu'auant toutes choses on iroit contre icelle ville.** ^c **Cecy est futur & bien tenebreux.**

SVR AVRIL. 1559.

41 ᵃ *Roy ſalué Victeur, Imperateur.*
La foy fauſſée. le Royal fait congnu.
Sang Mathien. ᵇ *Roy fait ſuperateur*
De gent ſuperbe. ᶜ *humble par pleurs venu.*

ᵃ Cecy a eſté expliqué cy deuant. ᵇ Tandis que le Roy Henry a veſcu, il s'eſt veu domteur des rebelles & orgueilleux. ᶜ Le ſieur d'Andelot priſonnier en ce mois s'humilie deuant le Roy. Voy pourquoy dans Piguerre li. 5. cha. 9. de ſon hiſtoire de Frances & Noel des Comtes li. 11.

SVR DECEMB. 1559.

42 ᵃ *La ioye en larmes viendra captiuer Mars.*
ᵇ *Deuant le Grand ſeront eſmeus Diuins:*
Sans ſonner mot entreront par trois pars.
Mars aſſoupy. ᶜ *deſſus glas troutent vins.*

ᵃ La bleſſeure du Roy receuë à la teſte le dernier de ce mois conuertit en vn moment la publique ioye en vne infinie & increyable triſteſſe. ᵇ Ces deux vers du milieu appartiennent à autre temps. ᶜ Le marchand en toute ſeureté & paix fait ſes affaires.

CENT. 6. QVAT. 71.

43 *Quand on viendra le grand Roy* ᵃ *parenter,*
ᵇ *Auant qu'il ait du tout l'ame rendue,*
ᶜ *On le verra bien toſt apparenter*
D'Aigles, Lyons, Croix. ᵈ *Couronne vendue.*

ᵃ Parenter, eſt faire obſeques & funerailles aux treſpaſſez. ᵇ Le Roy Hen. 11. rendit l'ame le 10. du preſent, 11. iours apres ſa bleſſeure.

* On le verra allié des maisons d'Espagne, d'Escosse & de Sauoye par les mariages de sa sœur, fils & fille. ᵈ Pource que la possession des regions & villes prises par luy & Roy François son pere és guerres passees, sera cedee & quittée aux Princes estrangers.

MESME CENT. QVATR. 9.

44 ᵃ _Aux teple saints seront faits grãds scãdales:_
Comptez seront pour honneurs & louanges.
ᵇ _D'vn que l'on graue d'argent, d'or les medales,_
_La_ ᶜ _fin sera en torments bien estranges,_

ᵃ Ces deux vers sont d'vn autre temps. ᵇ C'est le Roy Henry. ᶜ Fin douloureuse non tant audit Prince, qu'à tout le peuple François.

CENT. 7. QVAT. 17.

45 ᵃ _Le Prince rare en pitié & clemence._
Apres auoir la paix aux siens baillé,
ᵇ _Viendra changer par mort grãd congnoissance._
ᶜ _Par grand repos le regne trauaillé._

ᵃ C'est le mesme Roy Henry. ᵇ Changera son empire & royaume en mort. ᶜ C'est ce qu'il dit ailleurs, paix à l'aduenir pernicieuse aux Gaulois.

SVR IVILLET. 1559.

46 _Predons pillez, chaleur, grand secheresse:_
Par trop non estre. ᵃ _cas non veu, inouy._
ᵇ _A l'estranger la trop grande caresse._
ᶜ _Neuf pays Roy, à l'Orient esblouy._

ᵃ C'est veritablement vn cas non veu, ny ouy d'vn Roy blessé par vn sien client & subiet ne le voulant faire, au milieu des tournois &

fefte publique. [b] On peut mettre en doubte quel eftranger il entende
icy. [c] Roy receu au ciel. [d] par l'Orient esblouy f'interprete fon fils
premier pareillement de courte vie.

SVR AOVST SVIVANT.

47 [a] *L'vrne trouuée.* [b] *la cité tributaire.*
Champs diuifez.nouuelle tromperie.
L'Hifpan bleffé.faim,pefte militaire.
[c] *Moq. obftiné,confus.mal,refuerie.*

[a] Anciens fepulchres & monumens decouuers. [b] La plus part de ce
quatrain ne fe laiffe entendre. [c] Par l'obftiné il entend l'Huguenot.&
par refuerie,leurs opinions.

NOVEMB. 1557.

48 [a] *Mer clofe,monde ouuert.cité rendue.*
[b] *Faillir le Grand.* [c] *efleu nouueau.* [d] *grand brume.*
Floram patere.entrer camp.foy rompue.
Effort fera feuere à blanche plume.

[a] Ce premier, tiers & quatriefme vers ont efté ailleurs declarez.
[b] Cy deuant nous auons baillé à Charles le V. Emp. & à Ferdinand
fon frere:mais poffible fe peut-il mieux interpreter de la mort du Pape Paul I I I I. qui fut le 18.de ce mois. [c] Pie I I I I. eft efleu le 2.de
Ianuier 1560. [d] Il eft vray femblable que la contention fut grande
à l'election de ce Pape, le fiege ayant vacqué quatre mois quatorze
iours.Et c'eft ce que dit noftre Auteur, grand brume, Brume eft mot
Prouençal,fignifiant bruit,querelle,contention.

SVR IANVIER. 1560.

49 [a] *Iournée,diete,interim,ne concile.*
[b] *L'an paix prepare.pefte,faim,fchifmatique.*
[c] *Mis hors dedans.changer ciel,domicile.*
Fin du congé.reuolte bierarchique.

ᵃ Concile de Trente differé à l'an prochain. ᵇ An pacifique, toutefois plein de schismes & diuisions. ᶜ Ces deux vers derniers ne sont de ceste année.

CENT. I. QVAT. 45.

50 ᵃ *Secteur de sectes grand preme au delateur.*
ᵇ *Beste en theatre,* ᶜ *dresser le ieu scenique.*
ᵈ *Du fait antique ennobly l'inuenteur.*
Par sectes monde confus & schismatique.

ᵃ Le protestant promet grande recompense à ses espions, & delateurs. Ou plustost, Quiconque deferera à iustice & accusera l'Huguenot, aura grande recompense. ᵇ Il reprend l'ignorance de leurs Ministres, & se rit de leurs assemblées ᶜ Apres le decez du Roy Henry les sectes commencent à prescher plus librement en France, voire contre l'edit de françois II. son successeur. ᵈ Ce que par tant de temps a esté estably (dit il ailleurs) tiendra. Il entend du sacrifice de la sainte hostie.

CENTV. 3. QVAT. 55.

51 ᵃ *En l'an qu'vn œil en France regnera,*
ᵇ *La Cour sera en vn bien facheux trouble.*
ᶜ *Le Grand de* BLOYS *son amy tuera.*
Le regne mis en mal & doubte double.

ᵃ L'œil est significatif des Roys & Princes és hieroglyphiques. ᵇ Trouble d'Amboise, à l'occasion duquel françois de Lorraine Duc de Guyse est declaré lieutenant general du Roy audit Amboise, & par tout le Royaume. ᶜ Le troisiéme vers n'est de ceste annee, ny le quatriéme.

SVR SEPTEMB. 1555.

52 ᵃ *Pleurer le ciel.à il cela fait faire?*
La mer s'apreste. ᵇ *Annibal fait ses ruses.*
Denys mouillé.classe tarde.ne taire
N'a sceu secret. ᶜ *& à quoy tu t'amuses?*

ᵃ Ce premier vers a eſté eſclaircy cy deuant. ᵇ L'admiral Chaſtillon machine quelque choſe: auſſi fut il auec d'autres fort ſoupçonné
du trouble d'amboiſe: diſoit qu'il eſtoit neceſſaire reculer du gouuernement certains hommes. ᶜ Obiurgation par apoſtrophe contre ledit Admiral.

CENT. I. QVAT. 13.

53   ᵃ *Les ExileZ par ire, haine inteſtine*
Feront au Roy grand coniuration:
ᵇ *Secret mettront ennemis par la mine.*
ᶜ *Et ſes vieux ſiens contre eux ſedition.*

ᵃ Entrepriſe des Proteſtans ſur Amboiſe, pour ſe ſaiſir du Roy, du
Duc de Guyſe & Cardinal ſon frere. ᵇ Cachent des gens d'eſlite és
greniers & caues pour la difficulté des logis. I le Frere. ᶜ Sedition entre la maiſon de Guyſe & de Chaſtillon.

SVR DECEMBRE. 1559.

54   ᵃ *La ioye en larmes viendra captiuer Mars.*
ᵇ *Deuant le* ᶜ *Grand ſeront eſmeus* ᵈ *Diuins:*
Sans ſonner mot ᵉ *entreront par trois pars.*
Mars aſſoupy. deſſus glas troutent vins.

ᵃ Le premier & dernier vers n'appartiennent icy. ᵇ Les deux du milieu parlent du meſme trouble. ᶜ Deuant & en face de leur Roy. ᵈ Il
appelle les Proteſtans diuins abuſiuement, d'autant qu'ils s'attribuent
la congnoiſſance des eſcritures & choſes diuines. ᵉ Entreront, ou
s'efforceront d'entrer.

CENT. I. QVAT. 5.

55   ᵃ *ChaſſeZ ſeront ſans faire long combat.*
ᵇ *Par le pays ſeront plus fort greueZ.*
Bourg & cité auront plus grand debat.
Carcaſſ. Narbonne auront cueurs eſprouueZ.

^a Tout ainsi que ce mal & trouble fut descouuert auant qu'il eut pris racine, aussi fut il tost apaisé, & les remedes promptement executez. ^b Les autres vers semblent estre affectez à autre temps.

OCTOBRE. 1555.

59   ^a *Venus Neptune poursuyura l'entreprise.*
Serrez pensifs. ^b *troublez les opposans.*
^c*Classe en Adrie. citez vers la Tamise.*
Le quart bruit blesse de nuit les reposans.

^a La Royne mere entretenoit soubs main l'Admiral sur tous, qu'elle tenoit fort à suspect. I. le tre. liure 1. ^b On a veu violer la Iustice ordinaire pour faire deliurer des prisonniers protestans. I. le Frere audit liure. ^c Ces deux derniers vers me sont peu congnus.

CENT. 9. QVAT. 70.

57 ^a *Harnois tranchans dans les flabeaux cachez*
Dedans Lyon le iour du Sacrement.   .
^b *Ceux de Vienne seront trestous hachez*
Par les Cantons Latins. Mescon ne ment.

^a A Lyon le 13. de luin iour du sainct sacrement, ainsi qu'on faisoit la procession coustumiere à tel iour, vn impudent heretique faict tomber l'hostie d'entre les mains du prebstre, dont bruit non petit est excité: mais qui tost fut apaisé par les Eschemins & magistrats de la ville. En ce tumulte est tué Barthelemy l'Aneau homme docte, seditieux neantmoins. Les Annales de France remettent ceste histoire à 1567. non sans erreur du temps & des personnes. Et qui lira Paradin en son histoire de Lyon li. 3 ch. 32. y trouuera confirmation de nostre dire. ^b De cecy sera parlé cy apres.

SVR AOVST. 1558.

58   ^a *Bruit sera vain. les defaillans troussez:*
Les Razez pris: ^b *esleu le Pemporan:*
Faillir deux Rouges & quatre bien croisez.
Playe empeschable au Monarque potent.

ᵃ Bruit ſera vin poſſible,que le Pape Pie I I I I. ſoit pie, pour a-
uoir commencé ſon papat par la priſon & mort de deux Cardinaux,
du Duc de Palliane, Comte d'Aliſe & autres. Onuphre. ᵇ La plus part
de ce quatrain n'eſt grandement intelligible.

SVR IVILLET. 1560.

59 ᵃ *Longue crinite leſer le Gouuerneur.*
Faim,ſieure ardante.feu ⅋ *de ſang fumée.*
A tous eſtats. ᵇ *Iouiaux grand honneur.*
ᶜ *Sedition par Razes allumée.*

ᵃ Pluſieurs cometes & prodiges vers ceſte année tant és Gaules,
Allemagne, que Pologne.dit Surius. ᵇ Iouiaux ſont Prelats, Eueſ-
ques, Iuriſconſultes, Aduocats, Iuges, gens nobles , Gouuerneurs des
prouinces & citez Et poſſible eſt icy touchée l'aſſemblée que le Roy
fit à Fontainebleau des Seigneurs de ſon Royaume & gens d'authorité,voulant pouruoir aux troubles & eſmotions ſuruenuës en ſon
eſtat. ᶜ Eſt-ce point la harangue du Cardinal de Lorraine , qui con-
cluoit à ce que les ſeditieux & perturbateurs du royaume & du peuple fuſſent grieſuement punis , & principalement ceux qui s'eleue-
roient auec armes,comme ils auoient cy deuant fait.

AOVST SVIVANT.

60 ᵃ *Peſte,faim,feu* ⅋ *ardeur non ceſſée.*
Foudre,grand greſle,temple du ciel frapé.
ᵇ *L'ediƈt,arreſt,* ⅋ *grieue loy caſſée.*
ᶜ *Chef inuenteur ſes gens* ⅋ *luy hapé.*

ᵃ Fleaux ſignificatifs de l'ire de D I E V. ᵇ Relache donnée aux pu-
nitions dés le mois de Mars. ᶜ Le Baron de Caſtelnau, le Capitaine
Mazere , & quelques autres gentils-hommes , chefs de la faƈtion
d'Amboiſe decapitez dans icelle ville : Pluſieurs de leurs complices
noyez,autres pendus aux creneaux des murailles : & le direƈteur de
l'entrepriſe la Ren valdie tué,& depuis ſon corps mis en quatre quartiers Paſquier en ſes lettres.

61 ^a *Priuez ſeront Razes de leurs harnois :*
Augmentera leur plus grande querelle.
^b *Pere Liber deceu fulg. Albanois.*
Seront rongées ſectes à la moelle.

^a Eccleſiaſtiques mal traitez ſoit du Prince, ſoit d'ailleurs, & les ſe-
ctes ſemblablement. ^b Vins d'Alby ſont en Quercy grandement re-
nommez.

CENT. 10. QVAT. 59.

62 ^a *Dedans Lyon vint & cinq d'une haleine,*
Cinq citoyens Germains, Breſſans, Latins
Par deſſous neble conduiront longue traine,
^b *Et decouuers par abois de maſtins.*

^a L'entrepriſe d'Amboiſe rompuë, l'intention des Proteſtans fut
de s'emparer de la ville de Lyon, grande, riche & d'importance, le 4.
de ce mois : mais decouuerte non ſans danger & combat ^b Ils furent
decouuerts par de portefaix, que noſtre Auteur parlant obſcurement,
entend poſſible par maſtins. Voy comment dans noz hiſtoriens.

SVR IANVIER. 1560.

63 ^a *Iournée, diete, interim, ne concile.*
L'an paix prepare. peſte. faim, ſchiſmatique.
^b *Mis hors dedans. changer ciel, domicile.*
Fin du congé. ^c *reuolte hierarchique.*

^a Ces deux vers premiers ont eſté cy deuant touchez. ^b Le Prince
de Condé eſtant arriué à Orleans, ou les Eſtats eſtoient aſſignez, eſt

fait priſonnier de par le Roy, lequel decedé s'en alla rendre priſonnier à Han, puis à la Fere en Picardie: & ſouz Charles IX. pourſuit
ſa deliurance & iuſtification. ᶜ Et de ce les Catholiques ſe mutinent
& ne ſont contens.

CENT. 3. QVAT. 66.

64   ᵃ *Le grand Baillif d'Orleans mis à mort*
Sera par vn ᵇ *de ſang vindicatif.*
De mort merite ne ᵈ *mourra, ny par ſort.*
Des pieds & mains mal le faiſoit captif.

ᵃ Deux iours apres l'arriuée du Prince à Orleans, Hieroſine Groſlot Baillif eſt pris priſonnier, accuſé de trois crimes capitaux. ᵇ Il
ſemble qu'il touche le Roy François II. ᶜ Ce vers eſt tiré du 4. de l'E-
neide de Virgile. ᵈ Le 7. ledit Groſlot denoit auoir la teſte trenchée,
ne fut que le Roy tomba malade. I. le Fre. li. 1. de ſon hiſtoire des
troubles.

CENT. 10. QVAT. 39.

65   ᵃ *Premier fils vefue. malheureux mariage,*
Sans nuls enfans. ᵇ *deux iſles en diſcord.*
ᶜ *Auant dixhuit incompetant eage.*
ᵈ *De l'autre prés plus bas ſera l'accord.*

ᵃ Le Roy François II. meurt d'vn mal d'oreille le 14. de ce mois
autres diſent le 4. ſans enfans. ᵇ Il preſage la diſcorde que fut apres
entre les deux Roynes, d'Angleterre & Eſcoſſe. ᶜ Marie fort ieune,
n'ayant plus de 15. ans. ᵈ Charles IX. priſt femme à vingt ans accomplis.

CENT. 6. QVAT. 63.

66   ᵃ *La Dame ſeule au regne demeurée,*
ᵇ *L'vniq eſteint premier au lict d'honneur,*
ᶜ *Sept ans ſera de douleur eſpleurée:*
ᵈ *Puis longue vie au regne par grand heur.*

a Catherine de Medicis veufue du feu Roy Hen.II b Ceſt vniq eſt
François II. premier fils dudit Henry. c Nombre certain pourl'incertain. d Icelle à veſcu ſeptante ans moins trois mois,& au regne
quarante & deux.

SVR FEVRIER. 1560.

67   a *Rompre diette.* b *l'antiq ſacré r'auoir*
Deſſoubs les deux. c *feu par pardon s'enſuyure.*
Hors d'armes Sacre: d *long Rouge voudra auoir.*
Paix du negleſt. e *l'Eſleu le Vefue viure.*

a Aſſemblée des Eſtats à Orleans rompu: par le decez du Roy François II. b Sacrement de l'Euchariſtie retenu ſouz les deux eſpeces.
c Edits de douceur precedans auoient plus toſt rafraichy que conſo-
lidé la playe. d Le Cardinal de Lorraine eſt d aduis de retenir les armes & les forces par deuers le Roy. e Ceſtuy m'eſt incognu.

SVR IANVIER. 1558.

68   a *Puiſné Roy fait.* b *funebre epithalame.*
c *Sacrez eſmeus.* d *feſtins,ieux.ſoupi Mars.*
Nuit larme on crie. e *hors on conduit la Dame.*
L'arreſt & pache rompu de toutes pars.

a Charles IX ſecond fils du Roy Henry II.vient à la Couronne.
b Le mariage du Roy François II. eſt icy funebre & plein de deul.
c Pource qu'en vn clin d'œil le Roy mort toutes choſes changerent
de face. d Cecy touche l'an 1558 e Il entend de Madame Marie Stuard
Royne d'Eſcoſſe. Le reſte eſt fort brouille & entrelacé.

SVR AOVST. 1555.

69   a *Six,douze,treize,vint parlera la Dame.*
b *L'aiſné ſera par femme corrompu.*
c *Dijon,Guienne greſle,foudre l'entame.*
L'inſatiable de ſang & vin repeu.

ᵃ La Royne mere prend la regence & gouuernement du Royaume, du consentement & volonté du Roy de Nauarre. ᵇ Le mariage de François I I en si bas age luy accourcist la vie. ᶜ I'estime que ces deux vers ne sont de ce temps.

SVR L'AN 1561.

70   ᵃ *Le Roy Roy n'estre.* ᵇ *du Doux la pernicie.*
L'an pestilent. ᶜ *les esmeus nubileux.*
Tien' qui tiendra. ᵈ *des Grands non leticie.*
ᵉ *Et passera terme de cauilleux.*

ᵃ François I I. n'est plus Roy. ᵇ Prince trop doux par vne conni-uence bien grande, permet que les presches soient faits à huits ouuert non seulement dans Paris, ains dans la Cour du Roy à Sainct Ger-main en Laye. ᶜ Les Catholiques sont en peine grande. ᵈ Le mal viendra des plus Grands. ᵉ L'Autheur dit que ses calomniateurs au-ront en fin la bouche close, touchans au doigt la verité de ses presa-ges.

SVR MARS. 1555.

71   ᵃ *O Mars cruel, que tu seras à craindre!*
ᵇ *Plus est la Faux auec l'Argent conioint.*
Classe, copie, eau, vent, lombriche caindre.
Mer, terre trefue. l'amy à L. V. s'est ioint.

ᵃ Guerres ciuiles grandement à craindre, mais les mauuais con-seils dauantage. ᵇ Par la Faux il entend vn vieillard, tel qu'vn Satur-ne portefaux: & par l'argent, la Lune, & par icelle vne grand Dame.

CENT. 4. QVA. 53.

72   ᵃ *Les fugitifs & bannis reuoquez.*
ᵇ *Pere & fils Grand garnissants les hauts puits.*
ᶜ *Le cruel pere & les siens suffoquez.*
ᵈ *Le fils plus pire submergé dans le puis.*

ᵃ Par ce qui fut arresté en la derniere conuocation & assemblée des Estats tenuz à Orleans, du 2. ᵇ Comme s'il disoit, Ceux que le pere Henry II. & fils Franc. II. auoient condannez aux prisons pour la religion, eux decedez seront deliurez, par vn autre venant au regne. ᶜ Appellant le Roy Henry II cruel, il s'accommode à l'humeur Huguenotique: car autre part il dit, Le Prince rare en pitié & clemence. ᵈ De cestuy se parlera ailleurs, & comme ce vers se doit interpreter & entendre.

CENT. 4. QVAT. 32.

73 ᵃ *Es lieux & temps chair au poiss. donra lieu.*
ᵇ *La loy commune sera faite au contraire.*
ᶜ *Vieil tiendra fort, puis osté du milieu.*
ᵈ ναί δα φιλῶν κοινα *mis fort arriere.*

ᵃ Ce premier vers est notoire. ᵇ Icy premierement fut veu à la suite de la Cour vn chacun manger de la chair librement en temps de Caresme, & la chair estre venduë presques publiquement, dont Monsieur le Connestable se scandalise. I. le Fre. ᶜ Ce 3 n est de ce temps. ᵈ Plus n'y aura d'amitié entre les hommes, ny de communité, tout se fera propre.

CENTV. 1. QVAT. 3.

74 ᵃ *Quand la litiere du tourbillon versée,*
ᵇ *Et seront faces de leurs manteaux couuers,*
La Republique par ᶜ *gens nouueaux vexée:*
ᵈ *Lors Blancs & Rouges* ᶜ *iugeront à l'enuers.*

ᵃ Quand tout sera changé & renuersé sans dessus dessoubs ᵇ Et que toute simulation & hypocrisie regnera entre les François ᶜ Sont les nouueaux Euangeliques. ᵈ Lors on verra d'estranges iugemens donnez tout à rebours ᵉ Estrange changement! le Prince de Condé condamné à mort soubs François I condemnation signée de presque tous ceux du priué Conseil, est declaré innocent par arrest donné en plein Parlement à Paris le 19. du present, soubs Charles I X. Est Pasquier en ses Lettres.

CENT. 4. QVAT. 63.

75 ^a *Celtique armée contre les montagnars,*
Qui ſeront ſceus & pris à la lipée.
^b *Payſans freſcs pouſſeront toſt ^c faugnars,*
Precipitez tous au fil de l'eſpée.

   ^a Le Prince de Piedmont guerroye les Vauldois, reſte d'Albigeois
& pauures de Lyon és montagnes de Sauoye : en fin eſt contraint les
laiſſer pacifiques moyennant certaines conditions propoſées. Voy I.
le Frere li. 2. ^b Payſans perdus , mangez & deſpouillez de leurs biens.
^c Faugnard, ou Flaugnard en Prouençal eſt à dire ſot.

CENT. 5. QVAT. 97.

76 ^a *Le né difforme par horreur ſuffoqué*
Dans la ^b cité du grand Roy habitable.
^c *L'edict ſeuere des captifs renoqué.*
Greſle & tonnerre ^d Condom ineſtimable.

   ^a Ce qu'il veut dire en ces 2. premiers vers eſt ignoré. ^b Cité habitable, populeuſe, c'eſt Paris ^c Par l'edit fait à Fontainebleau au mois
de Iuin, & à Sainct Germain le 21. de Iuillet , eſt mandé mettre hors
des priſons ceux qui y eſtoient mis pour le fait de la Religion, & que
les abſentez de la France peuſſent retourner. ^d Condom eſt en Guyenne, pres d'Agen, ou l'Auteur a fait ſeiour.

SVR NOVEMB. 1559.

77 ^a *Propos tenus, nopces recommencées.*
^b *La Grande Grande ſortira hors de France.*
Voix à Romagne de crier non laſſée.
Reçoit la paix par trop feinte aſſurance.

E

ᵃ Le premier, tiers & quatriéme vers ne font de ce temps. ᵇ Madame Marie Stuart Royne d'Efcoffe retourne en fon pays, & eft conduite iufques à Calais par le Duc de Guyfe fon oncle, fur la fin de Iuillet.

CENT. 6. QVAT. 29.

78   ᵃ *La vefue fainte entendant les nouuelles*
ᵇ *De fes rameaux mis en perplex & trouble:*
Qui fera duit appaifer les querelles,
Par fon pourchas des Razes fera comble.

ᵃ La Royne mere fait conuoquer les Prelats pour s'affembler à Poiffy, & aduifer au fait de la Religion : les plus fuffifans miniftres des Reformez y viennent auffi. ᵇ De fes enfans.

SVR AVRIL. 1560.

79 ᵃ *Du lieu efleu Razes n'eftre contens:*
ᵇ *Du lac Leman conduite non prouuée.*
ᶜ *Renouueller on fera le vieil temps.*
ᵈ *Efpeuillira la trame tant couuée.*

ᵃ Le Card. de Tournon ne pouuoit goufter ce deffein, & difoit que le plus grand mal qu'on pouuoit pourchaffer à la France, eftoit l'ouuerture de ce Colloque : autant en difoient les Docteurs de Sorbonne. ᵇ On n'apprreuue point la venuë des Miniftres de Geneue en ce colloque. ᶜ Les vieilles herefies font renouuellées & reuoquées. ᵈ Les Proteftans s'en feront croire, feront affemblées, fe donneront des Temples, & prefcheront de leur priuée authorité.

SVR IVILLET. 1561.

80 ᵃ *Repris, rendu efpouuanté du mal.*
Le fang par bas, & les faces hideufes.
ᵇ *Aux plus fcauans l'ignare efpouuantal:*
ᶜ *Perte, haine, horreur. tomber bas la piteufe.*

ᵃ Ces deux vers ne ſont de ce temps. ᵇ A cecy eſt conforme que les Proteſtans à l'iſſue dudit Colloque firent courir le bruit par tout que les Docteurs Catholiques ne s'en eſtoient departis qu'à faute d'armes ne pouuans parer aux coups. ᶜ Eſt Paſquier en ſes Letttes à bonne grace, quand il dit, Qu'elle iſſuᵉ à pris ceſte conferte, ie ne l'oze eſcrire Les vns & les autres s'en ſont retournez auſſi ſages & edifiez comme ils y eſtoient arriuez.

SVR L'AN 1562.

81 ᵃ *Saiſon d'hyuer, ver bon, ſain, mal eſté.*
Pernicieux auton, ſec. froment rare.
Du vin aſſez, mal yeux, faits. ᵇ *moleſté*
Guerre, mutins, ſeditieuſe tare.

ᵃ Preſage general ſur toute l'année. ᵇ Peuple moleſté par guerres, ſeditions, mutineries.

SVR OCTOBRE. 1560.

82 ᵃ *Sera receue la requeſte decente.*
ᵇ *Seront chaſſez & puis remis au ſus.*
ᶜ *La Grande Grande ſe trouuera contente.*
ᵈ *Aueugles, ſourds ſeront mis au deſſus.*

ᵃ La Requeſte des Proteſtans ne fut oncques receuë, ains par l'Edit de Ianuier permiſſion leur fut donnée de preſcher hors des villes. ᵇ Les Proteſtans ſont chaſſez ſoubs François II. & mis au ſus ſoubs Charles IX. ᶜ La Royne mere. ᵈ Leſdits Proteſtans ſeront exaltez.

CENT. I. QVATR. 56.

83 ᵃ *Vous verrez toſt & tard faire grand change,*
Horreurs extremes & vindications.
Que ſi la ᵇ *Lune conduite par ſon ange,*
Le ciel s'approche des inclinations.

[a] I'eftime que ce toft, fe doiue interpreter de ce temps : & ce tard eftre bien loin dans l'aduenir,& non fort loin auffi. [b] Au cuns tienment que la Lune gouuerne auiourd'huy le monde auc c l'Ange Gabriel. Voy le Pentaple d'Altfinger.

MESME CENT. QVATR. 62.

84 [a] *La grande perte las ! que feront les lettres*
Auant le [b] *cycle de Latone parfait !*
Feu, grand deluge, plus par ignares fceptres :
Que de long temps ne fe verra refait.

[a] Les lettres feront perte pour la continuation des guerres diffipations & brulemens des Bibliotheques,& plus dit-il, par l'ignorance des Roys & Princes. [b] Le cycle Lunaire commençoit lors 1558. & finiffoit 1577.

CENT. MESME, QVAT. 91.

85 [a] *Les dieux feront aux humains apparence*
Ce qu'ils feront auteurs de grand conflit.
[b] *Auant ciel veu ferein efpée & lance :*
Que [c] *vers main gauche fera plus grand afflit.*

[a] Les hommes font autheurs & caufe de leurs propres maux , & non la Magefté diuine [b] Prodige. Ce temps a efté fort fecond en prodiges, monftres,& autres tels fignes. [c] Deuers l'Occident , & parties Occidentales de la Gaule.

CENT. 4. QVA. 43.

86 [a] *Ouys feront au ciel les armes batre.*
[b] *Celuy an mefme les* [c] *diuins ennemis*
Voudront loy fainte [d] *iniuftement debatre.*
[e] *Par foudre & guerre bien croyants à mort mis.*

ᵃ Armée en l'air veuë tous les ſoirs par l'eſpace de 15. iours à Paris du coſté de Meudon, combatre par eſcadrons de Cauallerie & Infan‑terie Piguerre liu6 ch. 8 de ſon Hiſtoire Françoiſe. ᵇ Aſſauoir 1562. ᶜ Sont Proteſtans Voy la raiſon cy deuant pourquoy il les appelle di‑uins, qua 54. ᵈ Prenez garde icy vous deuoyez. ᵉ Noz Hiſtoires ſont pleines des maſſacres faits lors ſur les Catholiques.

SVR SEPTEMB. 1559.

87 *Vierges & veſues,* ᵃ *voſtre bõ teps s'approche.*
ᵇ *Point ne ſera ce que l'on pretendra.*
Loin s'en faudra que ſoit ᶜ *nouuelle approche.*
Bien aiſeZ pris. bien remis. ᵈ *pis tiendra.*

ᵃ Ains le tres-mauuais, à l'occaſion des guerres pernicieuſes à tout ſexe & eage, & principalement aux gens de guerre & plus valeureux. ᵇ Autrement aduiendra qu'on ne pretendra. ᶜ Nouueau mariage. ᵈ Tout n'ira que mal.

SVR FEVRIER. 1562.

89 ᵃ *Pour Razes Chef ne paruiendra à bout.*
ᵇ *Edits changeZ.* ᶜ *les ſerreZ mis au large.*
Mort Grand trouué. moins de foy. bas debout.
ᵈ *Diſſimulé, tranſy frapé à bauge.*

ᵃ Ce premier & 3. vers ſeront ailleurs expliquez. ᵇ Par l'Edit du 17 de ce mois eſt donné permiſſion aux Miniſtres de preſcher hors des villes, & faire exercice de leur Religion. ᶜ Et apres le tumulte d'Amboiſe le Roy fiſt vne abolition generale, par laquelle les pri‑ſons furent ouuertes à tous priſonniers pour le fait de Religion. ᵈ Guerre ouuerte, l'on ſe battra à bon eſcient neantmoins.

CENT. 9. QVAT. 52.

89 ᵃ *La paix s'approche d'vn coſté & la guerre:*
ᵇ *Oncques ne fut la pourſuite ſi grande.*
Plaindre homme femme, ſang innocent par terre,
ᶜ *Et ce ſera de France à toute bande.*

ᵃ Ce premier vers a esté expliqué cy deuant ᵇ Oncques ne fut si grand guerre, ne si pernicieuse, que celle qui s'approche en tous les quartiers & contrées de la France. ᶜ Dix ans auparauant il auoit dit, Tout le Royaume de France est dangereux d'estre de toutes parts grandement oppressé par fait de guerre & par reuolte, despit & prodi-tions, tant sur la mer que sur la terre.

CENT. 1. QVAT. 92.

90 ᵃ *Soubs vn la paix par tout sera clamée:*
ᵇ *Mais non long temps pille & rebellion.*
ᶜ
ᶜ *Par fus ville, terre & mer entamée:*
ᵈ *Mors & captifs le tiers d'vn million.*

ᵃ De ceste paix a esté parlé cy deuant. ᵇ Pille & rebellion se fera par le François protestant. ᶜ Par desobeyssance ᵈ Quand l'Auteur dit, Morts & captifs &c. Il ne s'eslongne fort de la verité. Vn de noz Fran-çois escrit, detestant les guerres ciuiles, Ne se doit on pas contenter de 200000. hommes de guerre, qui sont peris par la fureur de ces di-uisions.

CENT. 4. QVAT. 5.

91 ᵃ *Croix, paix soubs vn, accomply diuin verbe:*
ᵇ *L'Espagne & Gaule vnis seront ensemble.*
Grand clade proche & combat tres-acerbe,
Cueur si hardy ne sera qui ne tremble.

ᵃ Cecy a esté dit du Roy Henry II. cy deuant. ᵇ L'Espagnol & le François auparauant grands ennemis icy seront vnis, mais le Fran-çois ne trouuera point d'vnion chez soy, ains se combatra cruelle-ment.

SVR MARS. 1559.

92 ᵃ *Saisis au temple, par sectes longue brigue.*
ᵇ *Esleu rauy.* ᶜ *au bois forme querelle.*
ᵈ *Septante pars naistre nouuelle ligue.*
ᶜ *De là leur mort. Roy apaisé. nouuelle.*

ᵃ Le fait de Vaſſy (ou furent bleſſez quelques Proteſtans, qui agaſ-
ſoient le Duc de Guyſe) ſeruit de pretexte auſdits Proteſtans de crier
& prendre les armes. Voy entre autres celuy qui a fait les Diſcours
poliriques & militaires. ᵇ I'interprete ce mot de la mort de Monſieur
de Guyſe, qui fut vn an apres. ᶜ Ceſte premiere querelle fut formée
emmy les bois, proche deſquels eſt Vaſſy. ᵈ De tous coſtez les Proteſtans ſont en armes. ᵉ De celle priſe d'armes naiſtra la mort deſdits
Ligueurs.

CENT. 1. QVAT. 76.

93　ᵃ *D'vn nom farouche tel proferé ſera,*
Que les trois Sœurs auront F A T O *le nom.*
Puis peuple grand par ᵇ *langue & fait duira:*
Plus que nul autre aura bruit & renom.

　ᵃ Comme s'il diſoit, C'eſt choſe merueilleuſe & comme fatale,
qu'vn ſoit né à la ruine & deſtruction de ſa patrie. Il entend l'Admiral
de Chaſtillon　ᵇ Il ſeduira grand peuple par ſon beau langage, &
commandera ſur iceluy par l'admiration de ſes faits.

CENT. 6. QVAT. 75.

94　ᵃ *Le grand Pilote ſera par Roy mandé*
Laiſſer la claſſe, à plus haut lieu atteindre.
ᵇ *Sept ans apres ſera contrebandé.*
Barbare armée viendra Veniſe caindre.

　ᵃ Ces deux vers ont eſté expliquez ſur l'an 1555　ᵇ Voicy l'année
ou ledit Admiral s'oſa bander apertement contre ſon Roy, portant en
toutes choſe le party de la nouuelle religion. ᶜ Dés l'an 1553. noſtre
Vaticinateur n'auoit il pas dit ainſi d'iceluy? Le Neptune ſecond que
la Gaule tenoit, ſera de partie oppoſite. Les effuſions de ſang ſeront
en double ſorte. ᵈ Ce dernier vers touche vn autre temps.

SVR FEVRIER. 1559.

95 [a] *Grain corrompu.air pestilent.locustes.*
Subit cherra.noue nouuelle naistre.
[b] *Captifs ferrez.legers,haut bas,onustes.*
[c] *Par ses os mal qu'à Roy n'a voulu estre.*

[a] Ces deux premiers vers sont semblablement expliquez sur l'an 1559 [b] Ceux qui estoient captifs & dans les prisons,seront armez:les pauures riches:les hauts bas [c] Mal en fin viendra audit Admiral & à ses cendres,pour auoir delaissé son Roy.

CENT. 4. QVAT. 62.

96 [a] *Vn Colonel machine ambition:*
Se saisira de la plus grande armée.
Contre son Prince mal feinte inuention:
[b] *Et decouuert sera soubs la ramée.*

[a] I'enten ce quatrain du Sieur d'Andelot , François de Colligny, Colonel de l'Infanterie Françoise,qui auec troupes se rend à Meaux, ou estoit le Prince de Condé,puis tost apres se saisit d'Orleans. [b] C'est à dire, Il sera decouuert, de quelconque manteau & couuerture qu'il se puisse couurir.

SVR AVRIL. 1555.

97 [a] *De n'auoir garde seras plus offensé.*
[b] *Le foible fort, l'inquiet pacifique.*
[c] *La faim on crie.le peuple est oppressé.*
[d] *La mer rougit.* [e] *le Long fier & inique.*

ᵃ Qui ha l'ennemy proche ne doit dormir. ᵇ Le foible deuenu fort, est le Protestant: l'inquiet, qui apres demandera la paix, est le Catholique. ᶜ Ces deux hemistiches tiers & quart ne sont de ce temps. ᵈ Le Sieur d'Andelot estoit de stature haute.

SVR NOVEMB. 1560.

98 ᵃ *Ne sera mis.* ᵇ *les Nouueaux dechassez.*
ᶜ *Noir &* de LOIN *& le Grand tiendra fort:*
ᵈ *Recourir armes.* ᵉ *Exilez plus chassez.*
ᶠ *Chanter victoire. non libres reconfort.*

ᵃ Le Prince de Condé ne sera receu dans Paris: ou autre telle chose est entenduë. ᵇ Ceux de la Religion nouuelle sont chassez de Paris. ᶜ Par le Noir l'Auteur entend l'Admiral de Colligny, qu'ailleurs il appelle Noir farouche. Par de LOIN, Loys de Bourbon, Prince de Condé: & par le grand, le Sieur d'Andelot, qu'au quatrain precedant il a nommé le long. ᵈ Ils auront leurs recours aux armes, selon l'association, & ligue precedente entre eux faicte ᵉ. Apres ceste reuolte les Protestans ne seront plus chassez. ᶠ Ce dernier vers sera expliqué en son lieu.

SVR MARS. 1561.

99 ᵃ *Au pied du mur le cendré cordigere:*
ᵇ *L'enclos liuré foulant caualerie.*
ᶜ *Du temple hors Mars & le Falcigere*
Hors. mis, demis. ᵈ *& sus la resuerie:*

ᵃ Le Prebstre, le Moyne prendront les armes pour leur defense contre le sectaire. ᵇ L'Huguenot qui auparauant gardoit les prisons, sera deliuré, & le cheual ᶜ Guerre ouuerte. Mars & Saturne exerceront leurs furies. ᵈ Le Protestant est au dessus de ses vœux & desirs.

SVR AVRIL. 1561.

100 ᵃ *Le temps purgé, pestilente tempeste:*
Barbare insult. ᵇ *fureur, inuasion.*
Maux infinis par ce mois nous appreste.
ᶜ *Et les plus Grands, deux moins, d'irrision.*

ªCes deux vers premiers ſeront touchez cy apres en leur lieu. ᵇLe
7. de ce mois le Roy met en auant le conſeil de la guerre : & le 11 par
ſes lettres patentes ſont mandez tous vaſſaux & ſubiets au ban & ar-
riere-ban, pour ſe trouuer en chacune ville capitale de leur Prouince
& reſſort, en armes. ᶜDeux Grands ſont choſes ridicules , comme
voulant dire, C eſt choſe pitoyable & ridicule , que pour la haine de
deux, tout vn monde ſoit en armes.

SVR IVIN. 1562.

101 ª*Portenteux fait, horrible & incroyable!*
ᵇ*Typhon fera eſmouuoir les meſchans :*
ᶜ*Qui puis apres ſouſtenus par le cable,*
Et la plus part exilez ſur les champs.

ª Exclamation ſur la priſe des armes , & eſmeute des meſchans.
ᵇ Quelque perſonnage, cruel & barbare, ſemblable à Typhon le Geât
duquel Geant parle ainſi Ouide au ſecond des Faſtes.

> *Tout ainſi que iadis Dione alloit fuyant*
> *D'vn pas viſte Typhon le terrible Geant.*

Mais du Typhon Gaulois, qui eſt icy entendu , en vn preſage de
noſtre Auteur ſur 1557. Ie trouue cecy, qui eſt autant obſcur que l'ob-
ſcurité meſme dont il parle, Typhon en pluſieurs façons obſcur. C'eſt
à dire à mon aduis Cachera ſes conceptions merueilleuſement , &
fort long temps ſe deſguiſera. Et ſur 1560. Merueilleux faits de Typhon. ᶜPunition s'enſuyura des meſchans & l exil apres la guerre,

CENT. I. QVAT. 20.

102 ª*Tours, Orleans, Bloys, Angiers, Rheims &*
Citez vexées par ſubit changement. (*Nantes*
ᵇ*Par langue eſtranges ſeront tendues tentes,*
Fluues, dars, Renes. terre & mer tremblement.

ª Villes occupées par les Proteſtans preſques en meſme temps:
voire qui ſe ſont priſes d'elles meſmes en faueur d'iceux. Eſt Paſquier

en ſes Lettres en apporte pluſieurs autres.[b] Si grande multitude d'e-
ſtrangers entreront en France, que la mer & la terre en trembleront.

CENT. 4. QVAT. 46.

103 [a] *Bien defendu le fait par excellence.*
[b] *Garde toy Tours de ta proche ruine.*
[c] *Londres & Nantes par Rheims feront defenſe.*
[d] *Ne paſſez outre au temps de la bruine.*

[a] Ce premier vers ſe rapporte ailleurs. [b] Eſtrange ruine de **Tours,**
meſmes de trois temples deſpouillez de leurs grandes richeſſes. [c] Ce
tiers verſet m'eſt incongnu, ſi nous n'entendons quelque choſe de la
maiſon de Lorraine [d] Apoſtrophe aux Anglois & aduertiſſement de
ne paſſer deça au temps le plus calamiteux, perplex & brouillé, qui fut
oncques veu en France.

CENT. 2. QVAT. 12.

104 [a] *Yeux clos ouuerts d'antique fantaſie.*
L'habit des Seuls ſera mis à neant.
[b] *Le grand Monarque chaſtira frenefie:*
Threſor rauy des temples par deuant.

[a] L'aureur veut dire, Ceux qui renouuelleront les anciennes here-
ſies, s'eſſayeront de mettre à neant & ruiner les gens de vie ſolitaire
& monaſtique. [b] Auant qu'ils ſoient chaſtiez par le Prince, ils feront
aux temples vn monde de maux & de rauages.

CENT. 6. QVATR. 9.

105 [a] *Aux tẽples ſaints ſeront faits grãds ſcãdales:*
Comptez ſeront pour honneurs & louanges.
[b] *D'vn que l'on graue d'argent, d'or les medales,*
La fin ſera en torments bien eſtranges.

* Celuy qui fera plus de rauages & de scandales aux temples des Catholiques, sera le mieux venu & le plus homme de bien dit l'Auteur. Et autrepart, Seront profanez de temples par personnes de diuerses sectes & autres de toute perdition. C'est en vn presage sur 1561.

b Ces deux vers derniers sont expliquez ailleurs.

CENT. 1. QVAT. 44.

106 ᵃ *Chassez seront moines, abbez, nouices:*
Le miel sera beaucoup plus cher que cire.
ᵇ *En brief seront de retour sacrifices,*
Contreuenans seront mis à martire.

ᵃ Grand partie des conuentuels seront chassez par eux & murtris.
ᵇ Par l edit de paix iceux seront remis & restituez en leurs maisons & degrez.

SVR SEPTEMB. 1560.

107 ᵃ *Priuez seront Razes de leurs* ᵇ *harnois:*
Augmentera leur plus grande querelle.
ᶜ *Pere Liber deceu fulg. Albanois.*
Seront rongées sectes à la mouelle.

ᵃ Les Prebstres seront fort mal & villainement traittez d'eux : ce qu'augmentera la haine. ᵇ Harnois, mot doubteux en nostre langue & equiuoque. ᶜ Sur ces deux vers nous auons parlé cy deuant.

CENT. 12. QVAT. 24.

108 ᵃ *Le grand secours venu de la Guyenne*
S'arrestera tout aupres de Poitiers.
ᵇ *Lyon rendu par Montluel & Vienne,*
ᶜ *Et saccagez par tout gens de mestiers.*

ᵃ Quelques troupes de Gaſcons entrées dans Poitiers à la ſuſcita-
tion d'aucuns principaux de la ville, pillent les Egliſes, les Eccleſiaſtiques & autres Catholics Piguer li.6 chap.11. ᵇ Priſe de Lyon par
les Proteſtans le dernier d'Auril. I. le Frere li. 4. de ſon hiſtoire des
troubles. ᶜ La ville ne fut ſaccagée ains les temples pillez, & les Eccleſiaſtiques accommodez à la Proteſlante.

CENT. 9.   QVAT. 70.

109 ᵃ *Harnois tranchans dans les flãbeaux cachez*
Dedans Lyon le iour du Sacrement.
ᵇ *Ceux de Vienne ſeront treſtous hachez*
Par les Cantons Latins. Maſcon ne ment.

ᵃ Nous auons parlé ailleurs de ceſte hiſtoire. ᵇ Quelques iours
apres la priſe de Lyon ſont ſaiſies par leſdits Proteſtans les villes qui
luy ſont proches, Vienne, Maſcon & Chalon ſur Saone.

CENT. 11.   QVAT. 91.

110 ᵃ *Meyſnier,* ᵇ *Manthi,* & le ᶜ *tiers qui viendra*
Peſte & nouueau inſult, enclos troubler:
Aix & les lieux fureur dedans mordra.
Puis les Phocens viendront leur mal doubler.

ᵃ Nous auons parlé cy deuant du Preſident Meyſnier. ᵇ Aix principale ville & ſiege du Parlement de Prouence receut par force les
Proteſtans (qui y preſcherent publiquement) ſoubs la conduite du
Sieur de Manthi, Lieutenant du vieil Comte de Tende Voy Pigu li.
6 chap.13 ᶜ De ce tiers ſera parlé en ſon lieu, enſemble des Phocens,
qui ſont Marſeillois.

CENT. 4.   QVAT. 62.

111 ᵃ *Le ſang du iuſte par Taur & la Dorade,*
Pour ſe vanger contre les Saturnins,
Au nouueau lac plongeront la mainade:
ᵇ *Puis marcheront contre les Albanins.*

ᵃ Dans la ville de Tholoufe fe fift vn cruel eftour entre le Catholic & Huguenot: toutesfois le deffus nous eft demeuré. Pafquier en
fes Lettres. Voy Iean le Frere li 3 de l'hiftoire des troubles Ce grand
Capitaine Blaife de Montluc en fes Commentaires n'agueres mis en
lumiere, en parle auffi pertinemment, pour y auoir efté. ᵇ Montauban
affiegé par les Catholiques pour neant & fans effect.

SVR MAY. 1562.

112 ᵃ *Rien d'accordé, pire plus fort & trouble.*
Comm' il eftoit. terre & mer tranquiller.
Tout arrefté ne vaudra pas vn double.
Dira ᵇ *l'iniq, Confeil d'anichiler.*

ᵃ Par deux fois fut fait accord de paix auec le Prince de Condé,
mais les ennemis de paix luy confeillerent ny confentir nullement.
ᵇ Il femble qu'il entende le Sieur d'Andelot, par vn autre paffage, ou
eft dit, Le Long fier & inique.

CENT. 6. QVAT. 109.

113 ᵃ *Fille de* ᵇ *l'Aure,* ᶜ *afyle du mal fain,*
Ou iufqu'au ciel fe void ᵈ *l'amphitheatre,*
ᵉ *Prodige veu. ton mal eft fort prochain,*
Seras captiue, & des fois plus de quatre.

ᵃ Sac & prife d'Aurange fur les Proteftans par le Comte de Som-
meriue le 6. de Iuin. ᵇ Il appelle Aurange poëtiquement fille de l'Aure, pource qu'eftant le lieu efleué fur le clin d'vne montagne, il eft ordinairement agité des aures & vents. ᶜ Et l'appelle afyle de l'Huguenot, pource qu'icelle ville a retiré de long temps les fugitifs du pays.
ᵈ Ils nomment tel amphitheatre le Cyre, ayant de front vn des beaux
pans de muraille antique, qui fe puiffe voir. ᵉ Quelque mois auparauant la prife d'icelle, deux Soleils furent veus, l'vn à l'Orient, l'autre
à l'Occident, auec vn arc au ciel panchant fur ladite ville.

CENT. 3. QVAT. 81.

114 ^a *Le grand Criard ſans honte audacieux*
Eſleu ſera Gouuerneur de l'armée.
La hardieſſe de ſon ^b contentieux.
Le ^c Pont rompu, ^d cité de pœur paſmée.

^a Bataille de Vaulreas gagnée par le Baron des Adrets contre le
Comte de Suze, qu'il appelle grand criard : ayant eſté premierement
defait pres d'Aurange par ledit Comte Voy Milles Piguerre li. 6. de
ſon hiſtoire Françoiſe ^b C'eſt ledit Baron, François de Beaumont,
qui s'eſt fait aſſez congnoiſtre & redoubter par toute la France pour
ſa grande hardieſſe accompagnée de pareille cruauté. Il ſouloit dire
le meſme que ce grand Ceſar, que toute entrepriſe d'vn grand Capitaine doit eſtre accompagnée de celerité, & l'a monſtré par effect.
^c Chaſteau du Pont de Sorgue au Comté Venaiſſin forcé & rôpu par
les Proteſtans. Pigu audit li. ^d Auignon en pœur grande.

CENT. II. QVAT. 97.

115 ^a *Par Villefranche Maſcon en deſarroy:*
Dans les fagots ſeront ſoldats cachez.
^b *Changer de temps en prime pour le Roy.*
Par de Chalon & Moulins tous hachez.

^a Monſieur de Tauanes Gouuerneur de Bourgongne recouure au
Roy Maſcon ville de Lyonnois par vn ſtratageme aſſez rare & nouueau, deſcrit par ledit Piguerre au liure prealleguè, vn peu autrement
qu'il n'eſt icy ſpecifié. ^b Elle s'eſtoit laiſſé ſurprendre ſur la prime,
ainſi que cy deuant auons noté.

CENT. 8. QVAT. 17.

116 ^a *Les bien aiſez ſubit ſeront demis.*
Le monde mis par les ^b trois frere en trouble.
^c *Cité ^d marine ſaiſiront ennemis.*
Faim, feu, ſang, peſte, & de tous maux le double.

ᵃMutation d'eſtats, & de fortune. ᵇ Ces trois freres ſont l'Admiral d'Andelot & Cardinal de Chaſtillon: ſur leſquels i'ay obſerué vn beau preſage de noſtre Auteur, qui fait à ce propos, & dit ainſi, Ceux qui ſeront employez à donner faueur, ſecours & ayde pour leur Roy, à la departie feront tout le contraire : tellement que ſera par eux le monde en grand trouble. Il eſcriuoit cela 1 5 5 9. ᶜ Haure de Grace ſaiſie par les Proteſtans, & liurée pour gage & aſſeurance à l'Anglois. ᵈCité marine, pour maritime, & voiſine de la mer.

CENT. 6. QVAT. 35.

117 ᵃ*Par* ᵇ*cité franche de la grand mer* ᶜ*Seline,*
ᵈ*Qui porte encore à l'eſtomac la pierre,*
Angloiſe claſſe viendra ſoubs la bruine
Prendre ᵉ*vn rameau de grande ouuerte guerre.*

ᵃDeſcente des Anglois à trois fois dans le Haure de Grace. ᵇLondres. ᶜA mon iugement il appelle la grand Mer Oceane Seline, pourceque la Lune, qui en Grec eſt σελήνη, gouuerne principalement les eaux. ᵈQui ſe reſent encores des anciennes inimitiez. ᵉ Ce rameau eſt ledit Haure de Grace, non gagné ſur nous par leſdits Anglois, ains à iceux liuré par noz Proteſtans, ainſi que i'ay dy.

SVR OCTOBRE. 1562.

118 *Par le* ᵃ*Legat du terreſtre* & *marin*
ᵇ*La grande Cape à tout s'accommoder.*
ᶜ*Eſtre à l'eſcoute tacite* ᵈLORVARIN,
Qu'à ſon aduis ne voudra accorder.

ᵃArnaud du Ferrier Preſident à Paris, Ambaſſadeur pour le Roy au concile de Trente ᵇLa grande Cape, ou Chape, eſt le Pape. ᶜLe Cardinal de Lorraine audit Concile ne veut accorder à l'Eſpagnol l'ancienne preſeance des Roys de France. ᵈLORVARIN eſt l'anagramme de LORRAIN.

NOVEMB. SVIVANT.

119 *[a] D'ennemy vent empeschera la troupe.*
[b] Le plus grand point mis auant difficil.
[c] Vin de poison se mettra dans la coupe.
[d] Passer sans mal de cheual gros [e] foußil.

[a] De l'Anglois promettant secours aux Protestans. [b] C'est d'argent, dont faute y auoit. [c] Ce tiers vers sera ailleurs expliqué. [d] D'Andelot se rend à Orleans le 6. de ce mois sans auoir trouué en chemin aucun empeschement, auec le secours d'Allemagne de neuf Cornettes de Reitres, faisans nombre de trois mille trois cens cheuaux, & de 22 enseignes de Lansquenets fort bien armez, montans à pres de quatre mille hommes de pied. Le Prince Portian se ioint à eux à Strasbourg auec enuiron cent cheuaux François. I. le Frere tout au commencement du 4. liure. [e] Foußil, mot inuenté par l'Auteur, pour accommoder sa ruine. Gros foußil, grosses troupes.

CENT. 10. QVAT. 1.

120 *[a] A l'ennemy l'ennemy foy promise*
Ne se tiendra. [b] les captifs retenus.
Pris preme mort, & le reste en chemise,
[c] Donnant le reste pour estre secourus.

[a] Le Prince de Condé s'acheminant contre Paris prist la ville de Pluuiers pres d'Orleans, où furent exercées les cruautez comprises en ce quatrain contre la foy promise. Voy I. le Fr. li. 4. de l'hist. des troubles. [b] Les soldats furent tous serrez dans vn temple, pris & dénalizez à loisir, mesmes de l'espée & de la dague. Quant aux prebstres, on en tua autant qu'on peut rencontrer. [c] Munitions & viures qui y furent trouuez en grande quantité saisis: & conduits outre ce à Orleans six cens grands muys, de bled froment, & mille poinçons de vin. Ledit Frere.

H

121 ^a *Fluues, riuieres de mal seront obstacles.*
La vieille flame d'ire non apaisee
Courir en France. ^b *cecy comme d'oracles:*
Maisons, manoirs, palais, secte rasée.

^a Bien que ce quar. se puisse accommoder en diuers lieux, cestuy sur autres le demande, en ce que le Prince de Condé deslogeant de Corbeil & tirant droit à Paris, les deux armées Protest. & Cath. marchoient costé à costé la riuiere de Seyne entre deux. Ce que ne se faisoit sans plusieurs paroles & iterées escarmouches. Car comme les deux soldats de long temps ennemis, eussent pieça cherché l'endroit pour tesmoigner la grandeur de leur haine reciproque, dés la prime decouuerte ce feu, qui auoit si long temps croupy soubs les cendres de paresse, exhala vne flamme de si grand courroux, que sans le large entredeux de la Seyne, ces brauades se fussent aisement conuerties en cruelles & plus sanglantes attaques qu'ils eussent peu : mais la largeur de la riuiere, & la moiteur de l'air qui en sortoit, alentissant la force des harquebuzades, firent que peu d'vn & d'autre party s'y trouuerent blessez: ains remettant le surplus à la premiere rencontre, se retirerent peu à peu chacun soubs son drapeau. I. le Frere li. 4. ^b Cela sera expliqué en son lieu.

SVR AVRIL. 1562.

122 ^a DE LOIN *viendra susciter pour mouuoir.*
Vain decouuert contre ^b *peuple infini.*
^c *De nul congneu le mal pour le deuoir.*
^d *En la cuisine trouué mort & fini.*

^a Par LOIN il entend LOYS de Bourbon Prince de Condé, lequel conduit son armée deuant Paris le 28. de ce mois, ou ayant seiourné 11. iours sans nul effect, leue le siege. Pasquier en ses Lettres dit que le siege y fut mis le premier iour de Decembre : puis leué en dehi-

beration d'aller recueillir les Anglois arriuez en Normandie.ᵇL'Autheur appelle euidemment le peuple Parisien, infiny : & ailleurs leur
cité le chaos, le grand chaos, le lieu de la multitude, & souuent la
grande cité. ᶜPource tant plus difficile eſt il à guerir. ᵈQue veut dire
en ce lieu celle cuiſine & ce mort trouué en icelle, à peine ſe peut aſſeurer choſe proche de ce temps.

CENT. 5. QVAT. 86.

123 ᵃ*Par les deux teſtes & trois bras ſeparez*
La grand cité ſera par eux vexée.
ᵇ*Des Grands d'entre eux par exil eſgarez.*
ᶜ*Par teſte Perſe Byzance fort preſſée.*

ᵃ Paris vexé pat le pere, le fils premier né, & les trois nepueux, freres. ᵇ Les trois freres deſſus nommez. ᶜ Cecy eſt d'vn autre tonneau.

SVR SEPTEMB. 1562.

124 ᵃ*Remis ſeront en leur pleine puiſſance,*
ᵇ*D'vn point d'accord conioints, non accordez.*
ᶜ*Tous deſiez.* ᵈ*plus aux Razes fiance.*
ᵉ*Pluſieurs d'entre eux à bande debordez.*

ᵃ Tant Proteſtans que Catholics ſeront remis en leurs degrez &
authoritez par l'accord prochain. ᵇ Pluſieurs pourparlez & abouche-
mens de paix accordée ſur le commencement de ce mois, puis le tout
rompu en vn inſtant. ᶜ Tous s'eſcrient qu'il ne falloit plus parler de
la paix. ᵈ Plus de fiance ny aux vns ny aux autres. ᵉ Ce vers dernier
(me ſemble) touche plus l'aduenir, que le preſent.

CENT. 1. QVAT. 78.

125 ᵃ*D'vn chef vieillard naiſtra ſens hebeté,*
Degenerant par ſçauoir & par armes.
ᵇ*Le Chef de France par ſa* ᶜ*ſœur redoubté.*
Champs diuiſez concedez aux gend'armes.

ᵃ Qui est ce chef vieillard, il n'est besoin icy le dire. ᵇ Le Chef de France est le Roy Charles, qui reçoit le secours Espagnol arriué dans Paris le 7. de ce mois. ᶜ Madame Elizabeth espouse du Roy Philippes.

SVR MARS. 1562.

126 ᵃ *Esmeu de* LOIN, *de* LOIN *prés minera.*
ᵇ *Pris, captiué.* ᶜ *pacifié par femme.*
ᵈ *Tant ne tiendra comme on barginera.*
ᵉ *Mis non passez.* ᶠ *oster de rage l'ame.*

ᵃ Loys de Bourbon esmeu de cholere s'approchera des coups, se ruera parmy la presse des combatans. ᵇ Bataille de Dreux donnée le 19. du mois, ou le Prince de Condé est fait prisonnier ᶜ Le tout est pacifié par la Royne mere sur le mois de Mars prochain ᵈ Vn chacun desirera la paix, & neantmoins fera de grandes difficultez à la receuoir. ᵉ Mis au nombre des morts aucuns Grands, qui n'y estoient. ᶠ Rage ostée de l'ame par la guerre & mort de plusieurs.

SVR NOVEMB. 1560.

127 ᵃ *Ne sera mis. les Nouueaux dechassez.*
Noir & de LOIN *& le Grand tiendra fort.*
Recourir armes. Exilez plus chassez.
ᵇ *Chanter victoire.* ᶜ *non libres reconfort.*

ᵃ Ces trois premiers vers ont esté touchez cy deuant. ᵇ On chantera victoire, dit l'Auteur : de laquelle vn chacun attribué l'honneur à Monsieur de Guyse : auquel le Protestant quittant du tout la campagne auec la perte du Chef & de son artillerie, laissa plus de huit mille des siens, que morts, que pris, que blessez sur la place. ᶜ Les captifs trouueront reconfort en leur malheur. Il semble toucher les honnestes gracieusetez dont vsa ledit Sieur de Guyse enuers le Prince de
dé son prisonnier, lequel il fist participant de son lit & table,
prés de Dreux.

SVR L'AN 1563.

128 *Le ver ſain, ſang, mais eſmeu.* ᵃ *rien d'accord.*
ᵇ *Inſinis murtres, captifs, morts, preuenus.*
Tant d'eau (&) peſte. peu de tout. ᶜ *ſonnez côrs.*
Pris, morts, fuits. ᵈ *grands deuenir, venus.*

ᵃ Il dira toutesfois cy apres, Paix par mort, & prochainement il a
dit, Pacifié par femme. ᵇ Auant que la paix ſoit, & voire icelle publiée
pluſieurs murtres ſe commettront & miſeres ᶜ Encores oüyra on
ſonner les trompettes de guerre. ᵈ Pluſieurs de baſſe qualité viendront en degré d'honneur à l'occaſion de la guerre, & le ſont ja.

IANVIER DVDIT AN.

129 ᵃ *Tant d'eau, tant morts, tant d'armes eſmou-*
ᵇ *Rien d'accordé.* ᶜ *le Grand tenu captif.* (*uoir.*
ᵈ *Que ſang humain, rage, fureur n'auoir.*
Tard penitent. peſte. guerre. motif.

ᵃ Ce vers touche l'aduenir & les ſecondes & tierces guerres ciuiles. .
ᵇ Rien d'accord pour ce mois, ny l'autre. ᶜ Ce Grand eſt le meſme
Prince de Condé captif & tard penitent ainſi qu'apres il dit. ᵈ Le premier & tiers vers ſe doiuent referer ailleurs.

CENT. 9. QVAT. 13.

130 ᵃ *Les Exilez autour de la Solongne*
Conduits de nuiĉt pour marcher en Lauxois,
Deux de Modene, truculant de Bologne
Mis, decouuers par feu de Burançois.

^a Apres la bataille de Dreux l'Admiral loge, & rafreschit son armée és villes de Solongne & Berry. Seiles luy est renduë non loin de Busancez. Autre congnoissance ie n'ay de ceste histoire.

SVR NOVEMB. 1562.

131 ^a *D'ennemy vent empeschera la troupe.*
^b *Le plus grand point mis auant difficil.*
^c *Vin de poison se mettra dans la coupe.*
^d *Passer sans mal de cheual gros soussil.*

^a Vents d'alors merueilleusement contraires aux troupes Angloises, pour arriuer d'Angleterre au Haure de Grace. ^b Les Protestans attendoient d'Angleterre hommes & argent, nerfs de la guerre. ^c Ce tiers verset n'appartient icy. ^d Et ce quart est du mois de Nouembre precedent.

CENT. I. QVAT. 96.

132 ^a *Celuy qu'aura la charge de destruire*
Temples & sectes ^b changez par fantasie,
Plus aux ^c rochers qu'aux viuans viendra nuire.
^d *Par langue ornée oreilles ressasie.*

^a Ces trois vers semblent toucher le Duc de Guyse, & le quatriéme le Cardinal son frere, lesquels s'estoient proposez d'exterminer tous les Protestans de la France. ^b Qui ont abandonné l'ancienne religion pour ie ne sçay qu'elle fantasie. ^c Dieu dissipant en vn instant les conseils des hommes diuersement. ^d Il touche l'eloquence dudict Cardinal.

SVR FEVRIER. 1562.

133 ^a *Pour Razes Chef ne paruiendra à bout.*
^b *Edits changez. les serrez mis au large.*
^c *Mort Grand trouué. moins de foy. bas debout.*
Dissimulé, transi frapé à bauge.

ᵃ Le Cardinal de Lorraine eſtoit en Italie ſollicitant le Pape, le Roy d'Eſpagne & les Venitiens à la ruine des Huguenots. Eſt Paſquier en ſes Lettres. ᵇ Ce ſecond & dernier vers ont eſté touchez cy devant. ᶜ Mort du Duc de Guyſe du 24. tué par Iean Poltrot gentilhomme d'Angommois.

CENT. 3. QVAT. 55.

134 ᵃ*En l'an qu'vn œil en France regnera*
La Cour ſera en vn bien facheux trouble.
ᵇ*Le Grand de* ᶜB L O Y S *ſon amy tuera.*
Le regne mis en mal & doubte double.

ᵃ Ces deux vers ſont expliquez ſur l'an 1560. ᵇ L'Admiral chargé de la mort du Duc de Guyſe, non le Prince de Condé, qui lors eſtoit priſonnier. Dequoy toutesfois ie ne trouue rien aux Preſages de l'Auteur. Voicy ce qu'eſt dit du murtrier ſur 1556. Le crime de celuy qui ſera ſurpris par diuine decouuerte, qui de long temps portoit ſur ſoy dehors caché, occult au cueur, ſera à ſa grande confuſion : on n'eut pas cuidé qu'il eut voulu perpetter tel crime. ᶜ En B L O I S ſe trouue L O I S. tout au long, & le B. ſignifie Bourbon.

CENT. I. QVAT. 38.

135 ᵃ*Le Sol & l'Aigle au* ᵇ*victeur paroiſtront.*
ᶜ*Reſponſe vaine au vaincu l'on aſſeure.*
ᵈ*Par corne cris harnois n'arreſteront.*
ᵉ*Vindicte.* ᶠ*paix par* ᵍ*mort s'acheue à l'heure.*

ᵃ Faueur d'hommes & d'argent du coſté d'Eſpagne ᵇAu Roy Charles qui a eu ce bonheur d'eſtre touſiours victorieux ſur ſes ennemis. ᶜ On abreuue le vaincu de douces parolles. ᵈ Pluſieurs ne veulent laiſſer le harnois. ᵉLa vindicte s'execute ſur le Duc de Guyſe. ᶠ Paix arreſtée le 12. du mois, & publiée le 19. au camp prés Orleans ᵍ Ce que par fer (dit-il ailleurs) n'a peu s'accomplir, ſera paracheué, *fato infelici,* & ſeront triſteſſes meſlées auec de ioyes grandes.

SVR MARS. 1563.

136 ª *Peres & meres morts de deuls infinis.*
Femmes à deul la peftilente monftre.
  ᵇ *Le Grand plus n'eftre.* ᶜ *tout le monde finir.*
  ᵈ *Soubs paix, repos.* ᵉ *& treftous alencontre.*

ª Ayans perdu leurs enfans, & les femmes leurs maris au feu des
guerres ciuiles ᵇ Le Duc de Guyfe n'eft plus. ᶜ Grandiffime hyperbole. Ie l'interprete. Tout le monde en deul, & efbahy De la perte duquel pour lors, l'Auteur efcriuoit ainfi fur l'an 1555. La perte de quelques perfonnages fera irreparable: mefme de celuy, qui valoit non
moins en confeil, qu'en tous faits belliques. Themiftocles onques
ne fut tant plaint ᵈ Le peuple François iouyra de quelque paix & repos. ᵉ Plufieurs ne veuloient la paix ainfi qu'elle eftoit arreftée. Toutesfois la plus part des inimitiez & querelles dit noftre Auteur fur
1560. fe macheront, on fera du fourd, du muet & de l'aueugle.

SVR AOVST. 1562.

137 ª *Les coulorez, les Sacres malcontens:*
  ᵇ *Puis tout à coup par* ᶜ *Androgyns alegres.*
De la plus part voir, ᵈ *non venu le temps,*
Plufieurs d'entre eux feront leurs foupes maigres.

ª Les Ecclefiaftiques principalement fe malcontentoient de l'edict
de paix, & fecondement de l'alienation du demaine & bien de l'Eglife iufques à trois millions de liures : chofe à quoy dix ans auparaua-
nant on n'eut feulement ofé penfer. dit Pafquier en fes Lettres. ᵇ Poffible, pour auoir obtenu du Roy nouuelle permiffion de reuendre
leurs terres les moins incommodes pour racheter celles qui auoient
efté vendues fur eux auec vn grand defordre. ledit l'afq. ᶜ Prelats à
mon iugement, à qui n'eft permis le mariage, tout ainfi qu'aux Androgyns & Hermaphrodites. ᵈ Cecy eft encores dans l'aduenir, puis
-qu'il dit, non venu le temps.

SVR OCTOBRE. 1560.

138   ᵃ *Sera receue la requefte decente.*
Seront chaffez ⅋ puis remis au fus.
La Grande Grande fe trouuera contente.
Aueugles, fourds feront mis au deffus.

    ᵃ Bien que ce quatrain ait efté touché cy deuant, ie le repete icy pour eftre fon vray lieu, mefmes eftant beaucoup illuftré par ce que dit Pafquier en fes Lettres fur ce temps. Semble que toutes chofes fauorifent maintenant ceux de la religion pretenduë reformée, , leur fort & puiffant ennemy tué: l'edict de pacification fait à leur aduantage: le Prince de Condé & l'admiral demeurez fur pieds : la generale furintendance des affaires de France fans controle demeurée pars deuers la Royne, qui ne demande que la paix: nul ennemy, qui femble, à face decouuerte s'oppofer à leur entreprife. Car encores que quelques Seigneurs de poix ne puiffent gouffer ceft edict, fi eft-ce que les calamitez de treize, ou quatorze mois les tiennent aucunement retenus. Voy le refte.

CENT. 9. QVAT. 66.

139   ᵃ *Paix, vnion fera ⅋ᵇ changement*
Eftats, offices. ᶜ *bas haut, ⅋ haut bien bas.*
ᵈ *Dreffer voyage .le fruit premier, torment.*
Guerre ceffer. ᵉ *ciuils procez, debats.*

    ᵃ Paix par toute la France en fin proclamée & receuë, de laquelle noftre Auteur baille l'honneur à la Royne mere & Sieur Cardinal de Lorraine, par ces mots tirez du Prognoftic fur 1561 Quelque Grande bien grande, qui aura le furnom de pie & debonnaire, & l'Androgyn, auffi feront quelque grand cas de bien, dont en fera d'eux perpetuelle memoire. ᵇ Tous les Eftats de Monfieur de Guyfe diftribuez aux fiens. Cinq Prefidens de la Cour de Parlement de Paris faits Confeillers du confeil priué. Subite mutation de tous eftats, dit ailleurs noftre Auteur : & du plus petit iufqu'au plus grand par nouueaux

eftats & offices fe trouueront changez. ᶜ L'Auteur fur 1559. aduifant ce
temps, difoit. Seront de fi fubites mutations que ceux qui feront haut
feront bas: & ceux qui firont bas & moyens feront hautement efle-
uez ᵈ Ce vers fera expliqué cy apres ᵉ Oncques ne furent veuz plus
de debats & procez.

SVR OCTOB. 1561.

140 ᵃ *Gris, blancs & noirs, enfumez & froquez*
Seront remis, demis. mis en leurs fieges.
ᵇ *Les Rauaffeurs fe trouueront moquez:*
ᶜ *Et les Veftales ferrées en fortes* ᵈ *riegges.*

ᵃ Par l'edict defenfes faites à ceux de la religion pretenduë, de ne
troubler les Ecclefiaftiques en leurs benefices, ny au feruice diuin: & à
ceux cy permis d'y r'entrer ᵇ Reftriction fur l'exercice de la religion
nouuelle Ie voy de iour à autre rongner les ongles à ceux de la religion. dit Pafquier. ᶜ Enioint aux moines & nonnains, qui pendant
ou depuis les troubles s'eftoient defroquez, fur peine de punition
corporelle de retourner en leurs monafteres, ou vuider la France. Ledit Pafquier. ᵈ Riegges, mot Prouençal, pour regles.

SVR MAY. 1563.

141 *Terre trembler.* ᵃ *tué. prodige, monftre:*
ᵇ *Captifs fans nombre. faire defaite, faite.*
D'aller fur mer aduiendra malencontre,
ᶜ *Fier contre fier mal fait de contrefaire.*

ᵃ Ledit Sieur de Guyfe eft tué & bien mort. ᵇ Plufieurs emprifonnez pour ne vouloir mettre les armes bas Icy (dit ailleurs noftre Auteur) commencera la ruine, fuite, mort ignominieuf. & honteufe con-
fufion des feditieux, rebelles, querelleux & promoteurs d'icelles: leur
fiecle fera changé, & les arbres feront chargez d'ignominieufe fufpen-
fion ᶜ C'eft mal fait, dit l'Auteur, de faire du mauuais contre le mauuais, & de regimber contre l'efperon.

IVIN DVDIT AN.

142 ᵃ *L'iniuſte bas ſort l'on moleſtera.*
Greſle, inonder, threſor, & graué marbre.
ᵇ *Chef de ſuard peuple à mort tuera.*
ᶜ *Et attachée ſera la lame à l'arbre.*

ᵃ Pluſieurs du bas populaire ſuppliciez pour ne vouloir obeyr à
l'edict. O qu'elle boucherie (dit ailleurs noſtre Auteur) ſera faite des
auteurs de ſedition ſlonecques n'aduint telle calamiteuſe affliction à
tels miſerables: & toſt ſe reſentiront combien peze le decret de l'ari-
ſtocratie & democratie. ᵇ Les Preſidens & Conſeillers enuoyez de
par le Roy tant en Prouence qu'ailleurs, firent de grandes executions
& iuſtices, meſmes vn que l'Auteur entend particulierement par Chef
de ſuard. ᶜ Les armes en fin ſeront miſes bas.

IVILLET SVIVANT.

143 ᵃ *De quel non mal? inexcuſable ſuite.*
Le feu non deul. ᵇ *le Legat hors confus.*
ᶜ *Au plus bleſſé ne ſera faite luite.*
ᵈ *La fin de Iuin le fil coupé du fus.*

ᵃ Tant Catholics que Proteſtans cauſe de mal. ᵇ Le Sieur de l'Iſle
Ambaſſadeur pour le Roy à Rome confus, pour les admirables changemens & mutations, qu'il auoit entendu̇es eſtre en ce royaume. ᶜ Le
plus bleſſé & foulé eſt le peuple. ᵈ Aucunes prouinces ne poſerent les
armes que iuſqu'icy, tant eſtoient acharnez les vns ſur les autres.

AOVST SVIVANT.

144 ᵃ *Bons finement affoiblis par accords.*
ᵇ *Mars & Prelats vnis n'arreſteront.*
ᶜ *Les Grands confus.* ᵈ *pardons incidez corps.*
ᵉ *Dignes indignes biens indeus ſaiſiront.*

^a **Pacification** precedente beaucoup plus aduantageuse au Proteſtant qu'au Catholique. ^b Par Mars aucuns entendent l'Admiral. & par Prelats, le Cardi. de Lorraine : & par ce vers les differents de ces deux maiſons. ^c Voyans les choſes aller contre leur opinion ^d Ce demy vers eſt vn peu obſcur: toutefois ſe peut entendre corruption de iugemens, ou autre telle choſe. ^d Ce qu'aduint pour la multitude des morts en ces guerres, dont on ignoroit de pluſieurs les vrais heritiers.

SVR L'AN 1564.

145 *L'an ſextil. pluyes. froment abõder.* ^a *haines.*
^b *Aux hommes ioye. Princes, Roys en diuorce.*
Troupeau perir. ^c *mutations humaines.*
^d *Peuple affoulé. & * ^e *poiſon ſoubs l'eſcorce.*

^a Les haines & inimitiez abondent entre les hommes au milieu de la paix ^b Cecy ſemble plus toucher l'aduenir. ^c Temps bien muable (dit-il ailleurs, & tel poſſible que fut de long temps : car les ſiecles ſeront tout autres qu'ils n'ont eſté le paſſé. Et apres encores La mutation du temps ſera telle & ſi muable, qu'on y perdra ſon theme ^d Au regard de la police commune de la France, on s'eſt aduiſé de pluſieurs noualitez pour trouuer deniers Paſquier. ^e Pour les retranchemens faits depuis ſur les preſches des Proteſtans.

FEVRIER DVDIT AN.

146 *Deluge grand.* ^a *bruit de mort conſpirée.*
^b *Renoué ſiecle.* ^c *trois Grands en grand diſcord.*
^d *Par boutefeux la concorde empirée.*
Pluye empeſchant. ^e *conſeils malins d'accord.*

^a Diſcorde entre la maiſon de Guyſe & de Chaſtillon, accompagnée de grandes haines & ſoupçons ^b L'Auteur diſoit dés l'an 1553 Il faut qu'vn nouueau ſiecle ſoit renouuellé. Et ſur 55 regardant touſiours au temps des guerres ciuiles, Les cieux font demonſtrance qu'vn ſiecle nouueau de fer & de Saturne eſt de preſent. ^c Le Roy eſt ſollicité de

pluſieurs pars de n'entretenir deux religions diuerſes en ſon royaume. I. le Frere li 4 Et eſt ce que l'Auteur appelle empirer la concorde.
ᵈ Les Proteſtans ne trouuent bônes les nouuelles polices par la France faites par le Roy pour aſſeurer ſon eſtat.

CENT. 9. QVAT. 66.

147 ᵃ*Paix, vnion ſera & changement*
Eſtats, offices. bas haut, & haut bien bas.
ᵇ*Dreſſer voyage.* ᶜ*le fruit premier, torment.*
Guerre ceſſer. ciuils procez, debats.

   ᵃ Cecy a eſté expliqué & deuant ᵇ Le Roy pour ſatisfaire aux do-
leances de tous coſtez de la France, ſe reſoult faire vne reueuë de tous
ſes ſubiets par vne longue promenade par tout ſon royaume. ᶜVeut il
point dire que le fruit premier au Roy de la paix, ou de ſon voyage,
fut tourment, pour auoir les aureilles infiniment rebatuës des plaintes que luy faiſoit tantoſt le Catholic, tantoſt le Proteſtãt à ſon tour.

SVR AVRIL. 1561.

148 ᵃ*Le temps purgé,* ᵇ*peſtilente tempeſte.*
Barbare inſult. fureur, inuaſion
ᶜ*Maux infinis par ce mois nous apreſte.*
Et les plus Grands deux moins, d'irriſion.

   ᵃ Par les guerres paſsées Auſſi diſoit il ſur l'an 1561. Long temps a
que le monde n'a eſté purgé ny par famine, conflict, ny mortalité.
Comme ſi telles afflictions (ainſi que medecines) faiſoient beſoin à
ce grand corps, pour la conſeruation d'iceluy. ᵇ Grandiſſime peſtilence afflige la Gaule ceſte année: comme s'il diſoit, A la guerre ſuccedera
la peſtilence. ᶜ Ce tiers verſet & quart ſeruent au paſsé, & an 1562.

SVR MAY. 1564.

149 *Temps inconſtant.* ᵃ*fieures, peſte, langueurs.*
ᵇ*Guerres, debats temps deſolé ſans feindre.*
Submerſions ᶜ*Prince à mineurs rigueurs.*
Felices Roys & Grands, ᵈ*autres mort craindre.*

^a**Au** Prognoſtic de l'an 1553 dreſſant touſiours ſes coups ſur l'aduenir, l'Auteur diſoit ainſi. Les maladies ſe ont bien autant à craindre, que les guerres, ſoulemens & oppreſſions du peuple par gens ſans raiſon, entendant les Proteſtans Et ſur ſe ſoyſe preparent trois principaux fleaux, peſte, guerre & famine. Celuy qui ne verra telles calamitez, ſera non moins heureux, que celuy qui ſera occupé du ſommeil: tant ſera horrible le temps par telles trois verges & facheries celeſtes. Et encores ailleurs. La famine d'vn coſté, la peſte de l'autre, & le glaiue de tous coſtez. ^b Ce ſecond vers eſt des choſes à venir & troubles de 1567. ^c Le Roy ſe veut faire craindre & obeyr de ſes ſubiets ^d Qui ſuſcitoient nouueaux troubles, comm' il aduint és pays du Mayne, d'Anjou, Touraine, Guyenne & Perigort Voy I. le Frere de Laual.

SVR IVIN SVIVANT.

150 ^a *Du lieu feu mis la peſte & fuite naiſtre.*
Temps variant. vent. ^b *la mort de trois Grands:*
Du ciel grands foudres. eſtat des Razes paiſtre.
^c*Vieil pres de mort.* ^d *bois peu dedans vergans.*

^aPeſte fort enuenimée & remarquable. Non moins eſt à noter ce qu'apporte noſtredit Prognoſtiqueur, & l'auons veu ſur 1561. Sera la peſtilence ſi grande (dit-il) aux plus grandes citez, qu'elle ſera oublier totalement les ſeditions eſmeuës pour la foy & religion. ^b Tout le reſte ſemble ne conuenir à ce temps. ^c Monſieur le Conneſtable, qui mourut pres de ce temps, trois ans apres, ſçauoir 1567. ^d Pour le degaſt fait par le ſoldat, ſoit qu'il tienne les champs, ſoit qu'il demeure en ſa garniſon.

CENT. 8. QVAT. 62.

151 ^a *Lors qu'on voirra expiler le ſaint temple*
Plus grand du Rhoſne & ſacres profaner,
^b*Par eux naiſtra peſtilence ſi ample.*
^c*Roy fait iniuſte ne fera condamner.*

^a Ceſte peſtilence ne fut l'an de la priſe de Lyon, ainſi que ſemble dire l'Auteur, ains deux ans apres icelle, de laquelle moururent plus

de 3 0000. perſonnes ſelon Surius & Paradin. ᵇ Parmy eux. ᶜ Ne fera
condamner les expilateurs des temples, ains leur pardonnera.

CENT. 3. QVAT. 46.

152 ᵃ *Le ciel(Plancus la cité)nous preſage*
Par clairs inſignes & par eſtoilles fixes,
Que de ſon ᵇ *change ſubit s'approche l'age,*
Ny pour ſon bien, ny pour ſes malefices.

ᵃ La cité iadis fondée & conſtruite ſur la montagne au confluant &
aſſemblage du Rhoſne & Saone par L. Munatius Plancus Conſul, Cé-
ſeur, Capitaine & Lieutenant general des Gaules au nom de l'Empire
Romain, eſt Lyon. ᵇ G. Paradin en ſon hiſtoire de Lyon li. 3. ch. 9. fait
mention de ce change, diſant, En ce temps la mortalité fut ſi extreme
en la cité de Lyon, qu il n'eſt memoire ny par hiſtoire, ny de ſouue-
nance des viuans en auoir veu vne plus cruelle. Car il demeura ſi peu
de perſonnes apres icelle & apres la malheurté des troubles, que ladite cité eſtoit tant diſſemblable à ce qu elle auoit eſté, que peu apres on
ne la pouuoit recognoiſtre, tant les grandes ruines & la mort l'a-
uoient defigurée & deguiſée.

SVR IVILLET 1564.

153 ᵃ *En peril monde & Roys feliciter.*
Razes eſmeus. ᵇ *par conſeil ce qu'eſtoit.*
ᶜ *L'Egliſe Roys pour eux peuple irriter.*
ᵈ *Vn monſtrera apres ce qu'il n'eſtoit.*

ᵃ Pluſieurs eſmotions auec chaſtiment. ᵇ Rien ne ſera changé és
ſacremens & ceremonies de l Egliſe Catholique. ᶜ Le Roy, le peuple
ſera pour l'Egliſe Catholique Ou, Les Roys, les Eccleſiaſtics & le
peuple ſeront irritez contre le Proteſtant. ᵈ Qui eſt ceſtuy, ie ne le
puis deuiner.

SVR NOVEMB. 1559.

154 *Propos tenuz, nopces recommencées.*
^bLa Grande Grande sortira hors de France.
Voix à Romagne de crier non laßée.
^cReçoit la paix par trop feinte asseurance.

^aM. Marie Stuard Royne d'Escoße, espouse en secondes nopces
Henry Stuart Seigneur d'Arley & fils du Comte de Lenoz ^bLes deux
vers du milieu ne sont de ceste année ^cFait la paix auec ses subiets
mal seurement, ou bien auec la Royne d'Angleterre sa voisine.

AOVST SVIVANT.

155 ^a*Deluge pres. peste bouine.^b neuue*
Secte flechir.^c aux hommes ioye vaine.
^d De loy sans loy. mis au deuant pour preuue.
^e Apast, embuche: & deceus couper veine.

^aLes inondations & rauages d'eaux sont proches ^bCeux de la re-
ligion (dit Pasquier en ses Lettres) se trouuent grandement eß ongnez
de leur compte: par ce que pendant vne paix on leur a plus rongné les
ongles par edits doux & non violents, qu'on n'auoit fait auparauant
auec grande puissance d'armes. ^cPource qu'en fin l'apostume creuera,
& reprendront les armes ^dCe vers me semble conuenir auec le precedent, ou il a dit, *Va monstrera apres ce qu'il n'estoit.* ^eCeste fin appartient
ailleurs.

SEPTEMB. SVIVANT.

156 ^a *Tout inonder. ^b à la Razée perte.*
^c Vol de mur, mort. de tous biens abondance.
Eschapera par manteau de couuerte.
^d Des neufs & vieux sera tournée chance.

^a De

ᵃ De ceſte grande inondation d'eaux parle Surius, & d'autres cala-
mitez:mais il la met aduenuë aux Allemagnes ſur le commencement
de l'an prochain. ᵇ Perte (ie croy)aux Eccleſiaſtiques pour la vendi-
tion ia dite de leur domaine par l'edict. ᶜ Ces deux vers moyens ne
me ſont guere ouuerts. ᵈ Par les vieux il entend les Eccleſiaſtiques,&
par les neufs les Proteſtans.

OCTOBRE SVIVANT.

157 ᵃ *La bouche & gorge en feruides puſtules,*
De ſept Grands cinq.toux diſtillante nuire.
ᵇ *Pluye ſi longue.à non mort tournent bulles.*
ᶜ *Le Grand mourir,qui treſtous faiſoit luire.*

ᵃ Quelques vns ayans manié les finances du Roy ſont executez
à mort.Paſquier en ſes Lettres. ᵇ Les pluyes continuent. ᶜ Ce vers appartient à l'an ſuyuant.

NOVEMB. SVIVANT.

158 ᵃ *Par bruit de feu Grands & Vieux defaillir.*
Peſte aſſoupie.vne plus grande naiſtre,
ᵇ *Peſte de l'Ara,foin caché,peu cueillir.*
Mourir troupeau fertil. ᵈ *ioye hors preſtre.*

ᵃ Ce premier vers touche vne autre année.ᵇ Peſte de l'Ara,eſt l'he-
reſie. Ara,autel. ᶜ Foin foulé & gaſté. ᵈ Il a dit cy deuant,
A la Razée perte.

DECEMBRE SVIVANT.

159 ᵃ *Alegre point.* ᵇ *douce fureur au Sacre,*
Enflez trois quatre & au coſté mourir.
ᶜ *Voye defaillir,n'eſtre à demy au ſacre:*
Par ſept & trois,& par quinte courir.

K

ᵃ Ie soupçonne pluftoft par les chofes qui fuyuent, qu'il veulle dire le contraire,& annoncer quelque trifteffe ᵇ Fureur moderée du
Prelat.ᶜ Il dit, Les Sectes couriront aux prefches comme par quinte,
de forte qu'il leur femblera n'y eftre affez à temps. Iean le Frere de
Laual dit quelque part, C eftoit merueilles du peuple qui aᵈ fluoit aux
prefches. Ronfard au difcours des miferes de ce temps accompare tels
auditeurs aux compagnons d'Vlyffe afriandez aux douceurs de la lo-
te,c'eft la liberté,que par tout ils prefchent.

SVR. IANVIER. 1565.

160 ᵃ *Neiges,rouillure,pluyes & playes grandes.*
Aux plus Grands ioye. ᵇ *peftilence infopie.*
Semences,grains beaucoup,& ᶜ plus de bandes
S'aprefteront. ᵈ *fimulté n'amortie.*

  ᵃ Hyuer afpre de vents, neiges & gelées:les riuieres demeurans
prifes deux mois entiers. ᵇ Il a dit cy deuant,pefte affoupie, mais en
autre temps. ᶜ Nulles bandes s'appreftent en France pour cefte an-
née:finon que,pour vanger vne iniure faite de nouueau au Cardinal
de Lorraine,on donnoit affeurance que le Duc d'Aumale tenoit les
champs auec grand nombre de gens-d'armes : & que l'Admiral eftoit
entré dans Paris auec longue fuite de Chefs Proteftans,pour le feruice du Roy & defenfe du Lieutenant de fa Maiefté:mais n'en fut autre
chofe pour la fageffe & moderation de ceux mefme à qui le fait tou-
choit . I. le Frere.ᵈ Entre les maifons de Guyfe & Chaftillon.

FEVRIER DVDIT AN.

161 ᵃ *Entre les Grands naiftre grande difcorde.*
ᵇ *Le Clerc procere vn grand cas braffera:*
Nouuelles fectes mettre en haine & difcorde.
Tout peuple guerre & change offenfera.

  ᵃ Tumulte non petit excité dans Paris,pour y eftre l'entrée refufée
au Cardinal de Lorraine par le Marefchal de Mommorancy & Prince

Portian:mais le tout apaiſé par le commandement du Roy , qui en ce
fut obey promptement. [b] C'eſt ledit Cardinal,qui ſe plaint au Roy de
telle iniure:dont pluſieurs Princes du ſang,& des Grands de ce Royaume ſe piquerent.

MARS SVIVANT.

162 [a] *Secret coniur changement perilleux.*
Secrettement conspirer factions.
Pluyes,grands vents. [b] *playes par orgueilleux.*
Inonder fluues.peſtifere actions.

[a] Icy ſe dreſſoient pluſieurs menées iuſques à traiter ligues de part
& d'autre en pluſieurs quartiers de la France , mais toſt aſſoupies.
[b] Noſtre Auteur en pluſieurs lieux appelle le Proteſtant orgueilleux
comme cy deuant,La gent ſuperbe.

AVRIL SVIVANT.

163 [a] *Pulluler peſte.* [b] *les Sectes s'entrebatre.*
Temps moderé.l'hyuer peu de retour.
De meſſe & preſche grieuement ſoy debatre.
[c] *Inonder fluues.maux mortels tout autour.*

[a] Surius dit que la peſte icy quelques années continuës tua vne infinité de gens. [b] Les Predicans d'vn coſté & d'autre ſe calomnieront
& mordront ſans ſoy toucher,dit il ailleurs. [c] Grandes inondations
& remerquables.

MAY SVIVANT.

164 [a] *Au menu peuple par debats & querelles,*
Et par les femmes & defunts grande guerre.
[c] *Mort d'vne Grande.celebrer eſcrouelles.*
[b] *Plus grandes Dames expulſées de terre.*

ᵃ Les debats du menu peuple, les femmes ; les defunts feront caufe de guerre, à l'occafion des biens qu'ils lairront : & auffi pour la vengeance qu'on en prendra. ᵇ Ce dernier vers eft d'vn autre temps, & le peaultiéme auec.

SVR IANVIER. 1557.

165 ᵃ L'indigne orné craindra la grand fornaife.
L'Efleu premier.des captifs n'en retourne.
Grand bas du monde.l'Itale non à l'aife.
Barb. Ifter, ᵇ Malte. & le Buy ne retourne.

ᵃ Les trois vers premiers ne font de cefte année. ᵇ Le Turc affiege l'Ifle de Malte fur la fin de ce mois.Il a dit cy deuant,
Barbare infult, fureur, innafion.

SVR IVIN. 1565.

166 ᵃ Viduité tant mafles que femelles.
De grands Monarques la vie pericliter.
Pefte, fer, ᵇ faim.grand peril pefle-mefle.
Troubles par changes.petits Grands conciter.

ᵃ Le premier, fecond, & quatriéme vers regardent plus le temps aduenir que le prefent. ᵇ Eftrange famine en plufieurs lieux de l'Europe.Surius.

IVILLET SVIVANT.

167 ᵃ Grefle, rouillure, pluyes & grandes playes.
Preferuer femmes, feront caufe du bruit.
Mort de plufieurs pefte, fer, faim par hayes.
Ciel fera veu qu'on dira qu'il reluit.

ᵃ Il en a dit cy deuant tout autant fur Ianuier. ᵇ Femmes feront preferuées de mal, caufe de bruit toutefois & des guerres vne partie. Sur l'an 1554. il difoit ainfi fort obfcurement, Cefte année doit regner vne femme, qui plufieurs regnes mettra en trouble. ᶜ Ce dernier vers appartient au mois de Decembre 1571.

AOVST SVIVANT.

168 ᵃ *Point ne fera le grain à fuffifance.*
ᵇ *La mort s'approche à neiger plus que blanc.*
Sterilité, grain pourri. d'eau ᶜ *bondance.*
Le Grand bleffé. plufieurs de mort de flanc.

ᵃ Cherté de viures grande en plufieurs regions de l'Europe. ᵇ Le fecond & dernier vers appartiennent ailleurs. ᶜ Bondance, pour abondance, c'eft vne apherefe.

SEPTEMB. SVIVANT.

169 ᵃ *Guere de fruits, ny grain, arbres & arbrif-*
Grand volataille. ᵇ *procere ftimuler.* (*feaux.*
ᶜ *Tant temporel que Prelat leonceaux.*
ᵈ *TOLANDAD vaincre. proceres reculer.*

ᵃ Cecy refpond au quatrain precedent de la cherté des viures. ᵇ Et cecy conforme à ce qu'il a dit cy deuant,
Le Cler procere vn grand cas braffera.
ᶜ Temporel & Prelat font les Sieurs de Guyfe & Cardinal de Lorraine, que l'Auteur accompare à de petits lyons. ᵈ TOLANDAD, eft le Sieur d'Andelot.

SVR OCTOBRE. 1558.

170 *Pluye, vent.* ᵃ *claffe Barbare Ifter.* ᵇ *Tyrrhene*
Paffer holcades Ceres, foldats munies.
ᶜ *Reduits bienfaits.* ᵈ *par Flor. franchie Siene.*
ᵉ *Les deux feront morts,* ᶠ *amitiez vnies.*

ᵃ Ceſt hemiſtiche n'eſt de cé temps. ᵇ C'eſt à dire, Pluſieurs grands
nauires chargez de ſoldats, bleds, froments, & autres munitions de
guerre paſſeront les mers du Leuant. C'eſt le ſecours enuoyé aux
Maltois par le Pape Pie IIII. & le Roy d'Eſpagne, dans ce mois.
ᶜ Recompenſe condigne baillée à tous ceux qui ont bien fait & ver-
tueuſement pour la conſeruation de l'Iſle. ᵈ Cecy touche plus le paſſé
que le preſent, ſçauoir la capitulation qu'en l'an 1555. fut preſentée
par le Duc de Florence, Coſme de Medicis à l'Empereur Charles le V.
pour la liberté des Sienois, apres ceſte longue guerre dont ils furent
affligez. Voy Onuphr. Rabu. Pigu & les Comment de Meſſ Bl. de
Montluc, qui eſtoit lors dans Siene Noel des Comtes li. 6 de ſon hyſtoire & que fut le Pape Iule III. qui fiſt l'accord des Sienois entre
ledit Empereur & Henry II ſouz condition qu'ils demeureroient
libres ſouz ſa protection & ſauuegarde. Ce que n'eſt vray ſemblable,
& eſt contre ce qu'en tiennent les ſuſdits hyſtoriens ᵉ Sçauoir, Charles le V. & Henry II. Roy de France, qui auoient grande enuie tous
deux de mettre le pied en Italie ᶠ Comme s'il diſoit, Apres le decez
de ces deux ambitieux Princes, Siene & Florence auparauant ennemies, ſeront vnies par amitié fort longuement.

NOVEMB. SVIVANT.

171 ᵃDes Grands le nombre plus grand ne ſera tãt.
Grands changemens, commotions, fer, peſte.
ᵇ *Le peu deuis:* ᶜ *preſtez, payez contant.*
ᵈ *Mois oppoſite gelée fort moleſte.*

ᵃ Ce mal s'eſtend à pluſieurs années. ᵇ Peu de propos, plus d'effect.
Aucuns liſent icy, *Le peu Denys,* pour dire peu de vin ceſte année:
prenans Denys pour vn des ſurnoms de Bacchus: mais ſans aucun
bon ſens & hors de ſaiſon. ᶜ A beau ieu beau retour, L'Auteur dit autrepart,
　　　Le coup de pied mille coups ſe rendra. ᵈ Le mois oppoſé à ceſtuy-cy, eſt
May de l'an ſuyuant, pource que là le Soleil ſera en ſigne oppoſé.

DECEMB. SVIVANT.

172 *Forte gelée glace* ᵃ *plus que concorde.*
Veſues matrones, feu, deploration.
Ieux, esbats, ioye. ᵇ *Mars citera diſcorde.*
ᶜ *Par mariages bonne expectation.*

ᵃ Quelque paix qu'il y eut pluſieurs doutoient de remuëment, di-
ſans les Reformez haut & clair, qu'on faiſoit des menées contre eux,
le Pape & Roy d'Eſpagne eſtans de la partie I le Fre. li. 4. ᵇ Ie me doute que par ce Mars ſoit entendu l'Admiral, qui auec ſes complices a-
uoient touſiours ſoupçonné le voyage de Bayonne, où les Maieſtez
du Roy & de ſa ſœur la Royne Catholique s'entreuirent: ledit Roy
n'eſtant gueres accompagné que de Princes Catho. A ceſte cauſe leſdits Proteſtans ſe mirent auſſi à prattiquer entre eux I. le Frere audict
lieu. ᶜ Quels ſont ces mariages, ie n'en trouue rien, ſi on ne les prend
plus loing: ainſi qu'il les faut prendre, ſi on veut ſçauoir la raiſon
pourquoy l'Auteur dit,
– *Bonne expeɭation.*

SVR OCTOBRE. 1564.

173 ᵃ *La bouche & gorge en feruides puſtules,*
De ſept Grands cinq. toux diſtillante nuire.
Pluye ſi longue. à non mort tournent bulles.
ᵇ *Le Grand mourir,* ᶜ *qui treſtous faiſoit luire.*

ᵃ Cecy a eſté expliqué cy deuant. ᵇ Mort du Pape Pie IIII. le 9.
Decemb. 1565. Onuphre. ᶜ Paul Manuce en ſes Epiſtres luy donne ceſte belle loüange. Souz ce Pontife la cité de Rome reprend ſa ſplendeur, & fleurit de plus en plus, pour eſtre iceluy grand iuſticier, vrayement pie, & grandement liberal. Voy Papire Maſſon en la vie d'iceluy.

SVR L'AN 1566.

174 ᵃ *Aux pl⁹ grāds mort, iaɭure d'hōneur. et vio-*
Profeſſeurs de la foy, leur eſtat & leur ſecte. (lence
ᵇ *Aux deux grādes Egliſes diuers bruit, decadéce.*
ᶜ *Maux voiſins querellās* ᵈ *ſerfs d'Egliſe ſans teſte.*

ᵃ Non ceſte année ains les ſuyuants. ᵇ A l'Huguenote & Catholique Paſquier s'eſbahiſſant de ces deux Egliſes, eſcriuoit ainſi l'an
1561 à vn ſien amy, Euſſiez vous iamais en voſtre ieuneſſe eſtimé voir

quelquefois en ceste France telle débauche? Que dans vne mesme ville y euſt exercice de deux diuerſes religions? Meſmes dans la ville capitale de France, & non ſeulement dans icelle, mais que ce ſoit celle,
ou l'on y ait fait la premiere breſche. ᶜ Ceſte année commencent les
troubles de noz voiſins, aſſauoir les Flamans. Voy Piguer. I. le Frere,
No. des Comtes & Surius. ᵈ Le 8. Iannier toutesfois fut eſleu Pape le
Cardinal Alexandrin, & nommé Pie V. Mais icy eſt preſagé pluſtoſt
le decez du predeceſſeur.

AVRIL DVDIT AN.

175 *De tous biens abondance terre nous produira.*
ᵃ *Nul bruit de guerre en France, hors mis ſeditiõs.*
ᵇ *Homicides, voleurs par voye on trouuera.*
ᶜ *Peu de foy. fieure ardante. peuple en eſmotion.*

ᵃ France encores pacifique pour ceſte année, neantmoins turbulen-
te. ᵇ Foiſon grande a touſiours eſté de tels garnimens. ᶜ Meſme entre
ceux qui ſont contraires en religion.

MAY SVIVANT.

176 ᵃ *Entre peuple diſcorde, inimitié brutale.*
ᵇ *Guerre. mort de grands Princes. pluſieurs pars*
Vniuerſelle playe plus fort occidentale. (d'Italie
ᶜ *Tẽpore bonne & pleine, mais fort ſeche & tarie.*

ᵃ Il accuſe la brutalité du peuple, qui ne peut laiſſer ſes inimitiez in-
ueterées. ᵇ Les deux vers moyens ſont de l'aduenir. ᶜ Bonne conſti-
tution du temps.

IVIÑ SVIVANT. (force.

177ᵃ *Les bleds trop n'abõder. de tous autres fruits*
L'eſté, prin-temps humides, hyuer lõg, neige, glace.
ᵇ *En armes l'Orient. ᶜ la France ſe renforce.*
Mort de beſtail. prou miel. ᵈ aux aſſiegez la place.

ᵃ Année

ª Annee fertile auec moderation. ᵇ Le Turc eft en armes menaçant la Mongrie & toute l'Alemagne. Surius. ᶜ Cecy appartient à l'an prochain. ᵈ Qu'elle place demeure aux affiegez en ce temps, il le faudroit deuiner.

IVILLET SVIVANT.

178 ª *Par peftilence & feu fruits d'arbres perirõt.*
Signe d'huyle abonder. pere Denys non gueres.
ᵇ *Des grãds mourir. mais ᶜ peu d'eftrãgers faillirõt:*
Infult marin Barbare, & dangers de frontieres.

ª Ferueur d'efté, maladies peftilentielles. ᵇ Cecy eft pour fes années prochaines. ᶜ Peu ou point d'eftrangers cefte année fortiront de leur pays pour venir en France.

SVR NOVEMB. 1567.

179 ª *Du retour d'Ambaffade. don de Roy. mis au*
ᵇ *Plus n'en fera: fera allé à D I E V.* (lieu:
Parens plus proches, amis, freres du fang
ᶜ *Trouué tout mort pres du lict & du banc.*

ª Ce premier vers appartient aux negoces de l'an prochain. ᵇ Les autres trois contiennent le decez de noftre Auteur, qui fut le fecond de ce mois, peu auant le Soleil leuant, ainfi que nous auons remerqué en fa vie. ᶜ Il dit bien, *Trouué tout mort pres du lict & du banc*, d'autant que pendant fa maladie, qui fut de huict iours, il ne voulut gueres voir ny coucher dans lict.

SVR IVIN. 1567.

180 ª *Par le threfor trouué l'heritage du pere.*
ᵇ *Les Roys & Magiftrats, les nopces, ennemis,*
Le public mal veuillãt, les Iuges et le Maire: (mis.
La mort, pœur & frayeur. & trois Grãds à mort

x

ᵃ Tout l'heritage d'iceluy confiftoit en vne maifon ou il habitoit, & en deniers, fçauoir en neuf ou dix mille efcus, qu'il auoit acquis à grand trauail & peine: laquelle fomme il fift apparoir aux Efcheuiñs & Confuls de fa ville peu auant fon decez: ie croy, pour plus grande affeurance, confideré que fes enfans eftoient mineurs d'age. ᵇ Les autres verfets n'appartiennent ny à ce temps ny à ce lieu.

SVR IVIN. 1557.

181 *Victor naual.à* ᵃ *Houche,* ᵇ *Anuers diuorce.*
Né Grand.du ciel feu.tremblement. ᶜ *haut brule*
Sardaigne bois,Malte,Palerme,Corfe.
Prelat mourir.l'vn frape fus la mule.

ᵃ Houke, village pres d'Anuers, ᵇ Tumulte grand dans Anuers pour la religion. Voy Surius. ᶜ Quels & quand ont efté ces brulemens, nous ne l'auons point leu.

SVR OCTOBRE. 1558.

182 *Pluye,vent.* ᵃ *claffe Barbare Ifter.* ᵇ *Tyrrhene*
Paffer holcades Ceres,foldats munies.
Reduits bienfaits. ᶜ *par Flor.franchie Siene.*
Les deux feront morts,amitieZ vnies.

ᵃ Le cinquiéme de ce mois le Turc affiege Sigeth, ville tres-bien munie & forte és confins de Sclauonie, & fize fur vn bras du Danube. Voy Surius. ᵇ Nous auons parlé cy deuant de ce fecours Maltois.

SVR AOVST. 1566.

183 ᵃ *Pluyes fort exceffiues,(&) de biens abondăce.*
De beftail pris iufte eftre.femmes hors de danger.
Grefles,pluyes,tőnerres: ᵇ *peuple abatu en Frăce.*
Par mort trauailleront. ᶜ *mort peuple corriger.*

ᵃ Abondance de biens ceſte année:ce que ia il a dit. ᵇ Sur 1558.pre-
ſageant ce temps,l'Auteur diſoit, Le commun populaire ſe trouuera
tant en arriere,que pluſieurs abandonneront femmes, enfans & ter-
roirs,pour ſauuer leur vie.On plumera le chapon d'vne partie & d'autre. ᶜ Il n'y a rien qui abate mieux la fureur d'vn peuple, que la guerre
longue & la mort Et comme dit tres-bien S. Iean Chryſoſtome, Le
tombeau reçoit la fin de l'ambition,du faſt & gloire des hommes.

SVR AVRIL. 1563.

184 ᵃ *En debats Princes & Chreſtienté eſmeue.*
Gentils eſtranges.ſiege à CHRIST *moleſté.*
ᵇ *Venu tres-mal.prou bien.mortelle veue.*
Mort Orient. ᶜ *peſte,faim,mal traité.*

  ᵃ Ces deux premiers vers ſont de l'aduenir. ᵇ Les autres ſe peuuent
interpreter de ladite arriuée de Soliman deuant Sigeth, ou il mourut
le 4.de ce mois:la place priſe toutefois deux iours apres ou trois. ᶜ Ie
refere le precedent à la perſonne du grand Turc:cecy à ſon armée:qui
eſtoit de cent quatre vingts & dix mille hommes:dont là moururent
vingt-cinq mille.Surius.

SVR OCTOBRE. 1566.

183   ᵃ *Iuſqu'à ce mois durer la ſechereſſe grande*
A l'Itale & Prouence.des fruits tous à demy. (de
ᵇ *Le grand moins d'ẽnemis.* ᶜ *priſonnier de leur bã-*
*Aux eſcumeurs,pirates.& * ᵈ *mourir l'ennemy.*

  ᵃ Siccité grande en Italie & Prouence. ᵇ Moins d'ennemis poſſible
apres l'accord pratiqué entre les maiſons de Guyſe, Montmorancy &
Chaſtillon. ᶜ Qui eſt ce priſonnier enuoyé aux galeres,ou deuenu pi-
rate,il ne m'eſt facile de le dire. ᵈ I'eſtime qu'encores icy par l'ennemy
eſt entendu le Turc,eſtant repeté au quatrain ſuyuant.

NOVEMB. SVIVANT.

184 ᵃ *L'ẽnemy tant à craindre retirer en Thracie,*
Laiſſant cris,hurlemens,& pille deſolée.
Laiſſer bruit mer & terre. ᵇ *religion murtrie.*
ᶜ *Iouyaux mis en route.* ᵈ *toute ſecte affoulée.*

^a Troupes Turquesques se retirent apres auoir fait butin sur les Chrestiens. ^b Ceux de la religion pretenduë reformee. ^c Iouyaux sont Catholiques. ^d Ceste queuë touche la fin de noz troubles, à mon opinion.

SVR L'AN 1567.

185 ^a *Mort, maladie aux ieunes femmes,* ^b *rheumes*
De teste aux yeux, ^c *malheur marchands de terre,*
De mer infaust. ^d *semes mal.* ^e *vin par brumes.*
Prou huile. trop de pluie. aux fruits. moleste guerre.

^a Cecy est commun à toute l'année. ^b Rheumes, defluxions. ^c Perte aux marchands par terre & par mer. ^d Semences pluuieuses ^e Vendanges se feront quasi en hyuer.

IANVIER DVDIT AN.

188 ^a *Prisons, secrets ennuis. entre proches discorde.*
La vie on donnera. par mal diuers catarrhes.
La mort s'en ensuyura. ^b *poison fera concorde.* (res.
^c *Fraieur, pœur, crainte grãde. voiageãt lairra d'ar-*

^a Cecy semble estre general à toute l'année, & en partie regarder les secondes troubles, qui sur la fin d'icelle ont commencé. ^b Comme s'il disoit, Quelque Grand sera osté du milieu par poison, puis il y aura paix & concorde: mais qui est cestuy-là (de ce temps) il est ignoré. ^c Ciuile discorde pœur & frayeur.

CENT. III. QVAT. 33.

189 ^a *En la cité ou le loup entrera,*
Bien prés de là les ennemis seront.
^b *Copie estrange grand pays gastera.*
^c *Aux monts & Alpes les amis passeront.*

ᵃLe 5 de ce mois veille des Roys, vn loup entra dans Paris par la porte S. Victor ſortant des prochaines fauſſayes, qui depuis ne fut veu ny aperçeu en lieu de la ville. Ce qu'ayant entendu I. Dorat Poëte du Roy, comm' il eſtoit ſtudieux, & merueilleuſement prompt & exercité à l'interpretation de tous preſages, commença à s'eſcrier & dire le ſecond vers de ce quatr.

> *Bien prés de là les ennemis ſeront.*

Ce qu'aduint bien toſt apres au mois de Septem ſuyuant, lors que les Proteſtans de France ſe voulans emparer de la perſonne du Roy, pour la ſeconde fois mirent en armes & en proye aux eſtrangers ce floriſſant royaume. ᵇSecours du Saxon & autres Allemans, pour le Roy: & de Reitres, pour les Proteſtans. ᶜCe dernier vers n'eſt de ceſt an.

SVR FEVRIER. 1566.

190 ᵃ*A deux fort Grãdes naiſtre perte pernicieuſe.*
Les plus Grãds ferõt perte biẽs, d'hõneur & de vie.
Tant grands braits couriront. ᵇ*l'vne trop odieuſe.*
Grands maladies eſtre. ᶜ*preſche, meſſe en enuie.*

ᵃM. Marie Stuard Royne d'Eſcoſſe ſouffre beaucoup d'indignitez par ſes ſubiets rebelles. ᵇPluſieurs eſtoient mal affectez enuers la Royne mere, Catherine de Medicis. ᶜPredicans ſe portent enuie les vns aux autres.

CENT. 4. QVAT. 94.

191 ᵃ*Quand le defaut du Soleil lors ſera*
Sus le plein iour, ᵇ*le monſtre ſera veu:*
Tout autrement on l'interpretera:
ᶜ*Garde cherté, nul n'y aura prouueu.*

ᵃLe neufieſme de ce mois fut veuë vne eclipſe de Soleil en plein midy fort grande, comme eſtant de dix points ſelon Cyprian Leouice en ſes Ephemerides & Eclipſes. ᵇQuel monſtre eſtoit ceſtuy, il ne ſe peut dire. ᶜMonſtre ſignificatif de cherté.

SVR IVIN. 1555.

192 [a] *Loin pres de l'Vrne le malin tourne arriere.*
Qu'au grand Mars [b] *feu donra empeschement*
Vers l'Aquilon. [c] *au midy la grand fiere.*
[d] *FLORA tiendra la* [e] *porte en pensement.*

[a] C'est à dire, la Flandre agitée de troubles pendant que Saturne retrograde sera loin & pres du Verseau, signe celeste, ce qu'emporte plus de 15. ans. [b] Le feu des guerres ciuiles excité en Flandre donnera grand ennuy, fatigue & peine aux Gouuerneurs d'icelle à l'esteindre, mesme au Duc d'Albe, qu'il appelle grand guerrier & grand Mars. Duquel ailleurs est parlé ainsi, Y arriuer le second Maximinus pour eux, pour son pays Sylla le heureux. [c] Cecy n'est de ce temps. [d] La Royne mere, Catherine de Medicis yssuë de Florence tiendra les vns & les autres en paix, tant qu'elle pourra, fauorisera l'vn & l'autre party esgalement. [e] La Cour royale, les affaires d'importance.

SVR AVRIL. 1558.

193 [a] *Par la discorde defaillir au defaut:*
Vn tout à coup le remettra au sus.
[b] *Vers l'Aquilon seront les bruits si haut,*
Lesions, pointes à trauers, par dessus.

[a] Le Duc d'Albe arriué en Flandres ce mois & année, fait tout ce qu'vn sage & prudent Gouuerneur doit faire pour r'amener les peuples turbulents à leur deuoir, dont statuë luy est erigée par les Estats vn an apres. [b] Troubles grands & guerre en Flandres. Dés l'an 1553. l'Auteur auoit dit, Le pays deuers l'inferieure Germanie demy occidentale & septentrionale se mutinera: qui voudra estre à vn, qui à vn autre. Il sera fort depeuplé & spolié par ceux de leur nation & autre: & s'en fera vne effusion de sang telle, qu'on marchera au sang humain iusqu'à demy iambe.

IVIN DE L'AN 1556. (force.

194 ª *Les bleds trop n'aböder.de tous autres fruits*
L'esté,printemps humides.hiuer long,neige,glace.
En armes l'Orient. ᵇ *la France se renforce.*
Mort de bestail.prou miel. ᶜ *aux assiegez la place.*

ª La plus part de ce quatrain a esté cy deuant touchée. ᵇ Le Roy
constitue des Centeniers dans la ville de Paris, tirez du corps des
Bourgeois,fait de nouuelles compagnie Françoises, remplit les anciennes non complettes:& en outre fait vne leuée de six mille Suisses
pour le venir ioindre:donnant à entendre que c'est pour n'estre surpris de l'Espagnol arriué fort en Flandres . Chose que les Protestans
ne veulent croire,ains estiment que tout cela se brasse à leur ruine. Ie
n'enten rien icy.

SVR SEPTEMB. 1563.

195 ª *De bien en mal le temps se changera.*
ᵇ *Le pache d'Aust.* ᶜ *des plus Grands esperance.*
Des Grands deul. ᵈ *L V I S trop plus trebuchera.*
ᵉ *Congnus Razez pouuoir ny congnoissance.*

ª Courages des hommes plus animez à la vindicte & aux remue-
mens qu'auparauant. ᵇ De ce pache se dira ailleurs. ᶜ Des plus Grands
le mal & le bien viendra ᵈ Le Prince de Condé pour estre de sang &
maison royale,est obligé dauantage à conseruer la Couronne & l'E-
stat: voyla pourquoy trop plus il peche & est en faute. Note icy Lecteur vn ; nom attribué à ce Prince:le tout aux fins de desguiser. ᵉ Cecy est de l'aduenir.

CENT. II. QVAT. 28.

196 ª *Le penultiéme du surnom du Próphete*
Prendra Diane pour son iour & repos.
ᵇ *L O I N vaguera par ferentique teste,*
En deliurant vn grand peuple d'impos.

^a Micheas est l'vn des douze Prophetes derniers, souz le nom du-
quel est icy entendu Michel de l'Hospital, Chancelier de France, fa-
uorisé auparauant d'vne grande Dame & Princesse, que l'Auteur appelle Diane. ^b Loys de Bourbon demandoit au Roy, que le peuple
foulé d'impos fut deschargé.

CENT. MESME, QVAT. 36.

197 ^a *Du grand Prophete les lettres seront prises,*
Entre les mains du ^b*Tyran deuiendront.*
^c *Frauder son Roy seront ses entreprises:*
Mais ses rapines bien tost le troubleront.

^a De cestuy mesme Michel de l'Hospital entendu par le grand
Prophete Micheas, nostre Auteur dit ainsi ailleurs, Seront plusieurs
qui dans vn moment perdront les premieres reuerences & visites: car
leur charge sera ailleurs promptement transferée, non sans confu-
sion. ^b Du Roy Charles Tyran en ce lieu signifie bon Prince, Seigneur Roy, ainsi que les anciens en vsoient Virgile, *Ce me sera de paix*
vne partie, *D'auoir touché la dextre du Tyran.* ^c Ie trouue que ce point
mesme est touché par nostre Auteur, bien qu'auec dissimulation, és
Prognosticqs de 1561. & 62. quand il dit, Sera l'erreur plus grand
qu'auparauant de quelqu'vn bien grand au magistrat. Ses affaires
iront au rebours. Et, Pour le fait de la politique quelque Grand sera
deposé de la charge du magistrat: estre accusé sans offense. Ceux qui
l'auront authorisé desauthorisez sans deshonneur.

CENT. 6, QVAT. 61.

198 ^a *Le grand tapis plié ne monstrera*
Fors qu'à demy la plus part de l'histoire.
Chassé du regne aspre ^b LOIN *paroistra:*
^c *Au fait bellique chacun le viendra croire.*

^a Ces deux premiers vers ne sont de ce temps. ^b Loys de Bourbon
Prince de Condé fera leuee de gens contre son Roy, & sera suiuy de
grand multitude. ^c Car grande est l'authorité des Princes du sang entre nous, mesmement pendant la minorité de noz Roys.

SVR OCTOBRE. 1559.

199 [a] *Icy dedans ſe paracheuera.*
[b] *Les trois Grãds hors. le BON-BOVRG ſera loing*
[c] *Encontre d'eux l'vn d'eux conſpirera.*
[d] *Au bout du mois on verra le beſoin.*

[a] Icy ſe paracheuera l'entrepriſe, ſçauoir eſt de reprendre les armes contre le Roy. [b] Les trois freres de Colligny ſe ietteront aux champs, & le Prince de Condé auec eux. O que ces trois ſont à craindre! dit-il ailleurs. Les communs populaires ſeront animez par la peruerſe perſuaſion de pluſieurs, qui donneront à entendre ce que ie ne puis & ne veux expliquer. [c] Ie ne trouue rien par eſcrit de telle conſpiration. [d] On verra combien ſera regrettee la concorde & la paix.

SVR OCTOBRE. 1563.

200 [a] *Voicy le mois par maux tant à doubter.*
Mors, tous ſaigner. peſte, faim, quereller.
[b] *Ceux du rebours d'exil viendront noter.*
[c] *Grands, ſecrets, morts, non de contreroller.*

[a] Comme s'il diſoit, Voicy le mois de tous malheurs: voicy le mois de la conſpiration, & des ſeconds troubles & guerres ciuiles perni-cieuſes de la France. I'ay noté que l'Auteur preſque par tous ſes Preſages precedens fait ſes plaintes ſur ce mois : comme icy l'an 1560. Pleuſt à DIEV, qu'il m'eut fallu paſſer outre ſans rien dire ſur ce mois: à la parfin il le faudra faire: mais ce ne ſera ſans pleurs, plaintes & grands gemiſſemens de la prodition qui eſt icy proche. Que DIEV y veuille remedier. [b] Pluſieurs arreſts du Parlement de Paris ſont donez contre les Proteſtans, voire l'Admiral & autres executez en effigie. [c] Le ſens du dernier vers eſt tel, Grands morts ſecrets non de con-treroller. Il ne conuient decouurir le ſecret des Roys, qui eſt de pu-nir en fin les rebelles.

M

CENT. II. QVAT. 19.

201 [a]*Nouueau venus lieu basti sans defense,*
Occuper place alors inhabitable.
Prez, maisons, champs, villes prendre à plaisance.
Faim, peste, guerre. [b] *arpen long labourable.*

[a] Les Protestans en ont fait autant en toutes les guerres, assauoir ont occupé plusieurs places fortes & villes tant par force que par intelligence: voire ont basty des lieux qui estoient sans defense, & les ont fait forts & inexpugnables. [b] Plusieurs terres laissées en friche.

CENT. I. QVAT. 37.

202 [a] *Un peu deuant que le Soleil s'absconse*
Conflit donné, [b] *grand peuple dubieux.*
[c] *Profligez port marin ne fait response.*
[d] *Pont & sepulchre en deux estranges lieux.*

[a] Bataille de S. Denys prés Paris donnée le 10. veille S. Martin, vn peu auant le Soleil couché. [b] Peuple de Paris en grand peine & estonnement. [c] Les Protestans ne sont aydez pour ce coup des Anglois: ains vont chercher leur secours en Allemagne. [d] Lesdits Protestans batus iusqu'icy en deux lieux, Dreux & S. Denys.

CENT. 4. QVAT. 32.

203 [a] *Es lieux & temps chair au poiss. donra lieu.*
La loy commune sera faite au contraire.
[b] *Vieil tiendra fort, puis osté du milieu,*
[c] πάντα φιλῶν κοινά *mis fort arriere,*

ᵃ De ces deux vers nous auons parlé cy deuant. ᵇ Anne de Montmorancy, Conneſtable de France bleſſé à mort en la ſuſdite bataille,
meurt le 12. de ce mois ſur la nuit, eagé d'enuiron octante ans. ᶜ Ce
beau prouerbe Pythagorique ne ſera plus en vſage: l'on en prendra ſur
l'autel, rien de commun, tout bien acquis & propre.

CENT. II. QVAT. II.

204 ᵃ *La Teſte bleue ſera, la Teſte blanche,*
Autant de mal que France a fait leur bien.
ᵇ *Mort à l'auton.*ᶜ*Grand pendu ſur la branche,*
ᵈ *Quand pris des ſiens le Roy dira combien.*

ᵃ Ce meſlange ſe doit ainſi deueloper, La Teſte blanche & la Teſte bleuë ſera &c. le pere & le fils aiſné eſtans par là deſignez. ᵇ Le pere mourut en autonne & mois preſent : duquel ie treuue cecy ſur Iuillet 1559. Le Lyon icy cauſera pluſieurs & diuerſes fieures d'inflammation. *Sequetur Victoria* Qui pour ſe monſtrer fort affectionné enuers
ſon Grand, mettra en abandon ſa vie Et dira on, *Confeſſus quatuor vul-*
neribus redijt. ᶜ Sçauoir l'Admiral trois ou quatre ans apres. ᵈ Le Roy
ne fut pas pris des ſiens, mais en grandiſſime danger de l'eſtre; la coniuration predite y tendoit.

SVR L'AN 1565.

205 ᵃ *Pire cent fois ceſt an que l'an paſſé,*
Meſme aux plus Grands du regne & de l'Eſgliſe,
Maux infinis, mort, exil, ruine, caſſé.
ᵇ *A mort Grande eſtre. peſte, playes & biſe.*

ᵃ Pource que ceſte année eſt doublement agitee, par la fin du ſecond
trouble, & commencement du tiers, qui ſera en Auſt, plus violant
beaucoup que les precedens. Surius. ᵇ Qui eſt ceſt e Grande ne ſe peut
bien ſpecifier.

SVR IANVIER. 1563.

206 *Tant d'eau,*[a] *tãt morts, tãt d'armes esmouuoir*
[b] *Rien d'accordé, le Grand tenu captif.*
Que sang humain, rage, fureur n'auoir.
[c] *Tard penitent peste, guerre motif.*

[a] Pour les guerres & dissentions ciuiles dont ceste année abonde.
[b] Le second vers & premier hemistiche du dernier ont esté touchez cy deuant.

CENT. 8. QVAT. 98.

207 [a] *Des gens d'Eglise sang sera espanché*
Comme de l'eau, en si grande abondance,
Que d'vn long temps ne sera restanché.
Vé, vé au Clerc ruine & doleance.

[a] Il est certain qu'en ces deux troubles premier & second, plus de cinq mille Ecclesiastiques de tout ordre ont esté massacrez & tuez par la fureur de l'ennemy. Surius. [b] Entre les menaces que fait nostre SEIGNEVR aux pecheurs dans Esaye le Prophete, est de luy oster ses prebstres : pource que non peu d'emolument & profit redonde au peuple de la part des prebstres, qui sont dignes de tel nom, dit S. Basile, & presidence d'vne chaire : lequel il conuient mesmement estre de vie irreprehensible & non tachée.

CENT. 6. QVAT. 9.

209 [a] *Aux temples saints seront faits grands scan-*
[b] *Cõptez serõt pour honneurs & louanges. (dales.*
[c] *D'vn que l'on graue d'argent d'or les medales,*
La fin sera en torments bien estranges.

ᵃ Des autels, chapelles, temples tant brulez que deſtruits & raz ez à
fleur de terre enuiron dix mille & plus. Surius Noſtre Prognoſtiqueur dés l'an 1558. auoit dit le meſme des temples & lieux ſainɛs, Seront faites pluſieurs pilleries & profanes depredations, pluſieurs temples derobez. Qui vſera de prudence, fera bon guet, car la compagnie
eſt grande Et ſur 59 *Sement in ſtatuas*, Ils abatront les images, ᵇCeux
qui auront fait tels ſcandales, s'en reſiouyront, & les mettront au
nombre de leurs beaux faits & loüanges. ᶜ Ces deux verſets derniers
ſont du paſſé, & les auons expliquez.

CENT. 1. QVAT. 43.

210 ᵃ *Auant qu'aduienne le changement d'empire,*
Il aduiendra vn cas bien merueilleux,
ᵇ *Le champ mué, le pillier de porphire*
Mis, tranſlaté ſur le ᶜ *rocher nouailleux.*

ᵃ Donq aduiendra vn changement d'empire & gouuernement en
France. ᵇ Tout ceſt ambage de paroles eſt dit de la Rochelle, ou les
citadins Proteſtans ont demeuré les maiſtres puis ce mois & année.
ᶜ Paſquier en ſes Lettres vſe d'vne ſemblable phraſe, quand il dit,
Leurs partizans (il parle des Huguenots) ont ſurpris les villes de Va-
lence, Montauban, Niſmes &c & la Rochelle, qui leur eſt vne forte
roque.

CENT. 9. QVAT. 55.

211 ᵃ *L'horrible guerre qu'en Occident s'appreſte!*
L'an enſuyuant viendra la peſtilence
Si fort terrible, que ieune, vieil, ne beſte.
ᵇ *Sang, feu Mercu. Mars, Iupiter en France.*

ᵃ Il entend toute la Gaule occidentale, la Gaſcongne, Guyenne, le
Quercy, Xainɛonge, Limoſin, Poitou, Anjou, Bretagne, Normandie,
ou les guerres ont fort longuement duré. ᵇ Dans ce vers à mon opinion, il decouure les auteurs des guerres de la France, par Mercure
entendant vn Proteſtant, Mars vn martial, & par Iupiter vn Eccleſia-
ſtiq: leſquels il n'eſt beſoin autrement decouurir.

CENT. I. QVAT. 97.

212 [a] *Ce que fer, flamme n'a sçeu paracheuer,*
La douce langue au conseil viendra faire.
[b] *Par repos songe le Roy fera resuer.*
[c] *Plus l'ennemy en feu, sang militaire.*

[a] L'eloquence employée au traitement de paix romp le coup à tous desseins factieux : & sont renduës plusieurs villes à la deuotion du Roy. [b] Nous ignorons quel a esté ce songe royal. [c] On retourne toutefois aux armes quelque temps apres.

CENT. 6. QVAT. 64.

213 [a] *On ne tiendra pache aucun arresté,*
[b] *Tous receuans iront par tromperie.*
[c] *De trefue & paix terre & mer protesté.*
[d] *Par Barcelonne classe pris d'industrie.*

[a] Paix concluë & arrestée le 13. de ce mois, qui toutefois n'a esté de longue durée. [b] Paix trompeuse tant d'vn costé que d'autre [c] Ils protesteront toutefois d'entretenir la paix par mer & par terre, & n'en feront rien. [d] Ce quatriéme vers n'est intelligible & appartient ailleurs.

SVR AVRIL. 1567.

214 [a] *Par grandes maladies religion fachée,*
Par les enfans & legats d'Ambassade.
[b] *Don donné à indigne.* [c] *nouuelle loy lachée.*
Biens de vieux peres. [d] *Roy en bonne contrade.*

[a] Comme s'il disoit, Ceux de la religion nouuelle souffriront de grandes peines & trauaux pour leurs enfans, pour leur negotiations, & seront saisis de continuelles craintes. [b] Ailleurs il dit, *L'indigne orné:* mais question est si ces deux conuiennent à vn mesme. [c] Entre autres articles de la paix estoit qu'aucun Protestant ne seroit recherché pour le fait de la conscience. [d] Roy en bonne humeur, Roy en bonne santé.

Svr May. 1565.

215 [a] *Au menu peuple par debats & querelles,*
Et par les femmes & defunts grande guerre.
Mort d'vne Grande.celebrer escrouelles.
[b] *Plus grandes Dames expulsées de terre.*

[a] Nous auons parlé cy deuant de ces trois premiers vers. [b] M. Marie Stuart chaffée d'Efcoffe par fes fubiets rebelles, fe retire en Angleterre Voy les liures de Buchanan des chofes Efcoffoifes.

Svr Ivill. 1566.

216 [a] *Encor la mort s'aproche.don royal et Legat.*
[b] *On dreffera ce qu'est,par vieilleffe,en ruine.*
[c] *Les ieunes hoirs.de foupçon nul legat.*
Threfor trouué en plaftres & cuifine.

[a] Apreft de la 3. güerre ciuile. Les François ennuyez d'vn trop long repos,commençoient en Iuillet à remuer mefnage, mefmement fur les frontieres de Normandie & Picardie.I.le Frere li. 8. [b] Ce refte ne fe laiffe bien entendre [c] S'enfuit le decez des peres,puis que les hoirs font en bas age.I'eftime que cecy foit dit des ieunes Princes de Condé,& heritier de Nauarre.

Aovst Svivant.

217 [a] *Les ennemis fecrets feront emprifonnez:*
Les Roys et Magiftrats y tiendront la main feure.
La vie de plufieurs.fanté.malade yeux,nez.
[b] *Les deux Grãds s'ẽ irõt biẽ loin à la male heure.*

[a] Ces trois vers feront expliquez ailleurs. [b] Le Prince de Condé & Admiral fe fantafians que le Roy fe voulut faifir de leurs perfonnes,deplacent de Noyers le 25 pour atteindre le Poitou en diligence.

CENT. 4. QVAT. 22.

218 [a] *La grand copie qui sera dechassée,*
Dans vn moment sera besoin au Roy.
[b] *La foy promise de* LOIN *sera faussée.*
[c] *Nul se verra en piteux desarroy.*

[a] Le Roy au mois de Mars passé auoit donné congé aux trouppes du Duc de Saxe, Marquis de Bade, & autres Chefs Allemans, dont il eut besoin en apres. [b] Les Protestans se ruënt sur les Catholics, lors qu'il n'y auoit encores aucun deffy de guerre, I. le Frere audit li. [c] Sçauoir le Roy.

SVR IVIN. 1561.

219 [a] *Courses de* LOIN *, ne s'aprester conflits.*
Triste entreprise. l'air pestilent, hideux.
[b] *De toutes parts les Grands seront afflits.*
[c] *Et dix & sept assaillir vint & deux.*

[a] Toute ceste queuë & fin d'année iusques en Mars de l'autre suyuant ne fut employée qu'en courses, surprises de villes & escarmouches. [b] Le malheur de la guerre tombera sur les Grands autant que sur les petits. [c] Ce quatriéme vers m'est du tout obscur.

CENT. 10. QVAT. I.

220 [a] *A l'ennemy l'ennemy foy promise*
Ne se tiendra. [b] *les captifs retenus.*
Pris preme mort, & le reste en chemise,
Donnant le reste pour estre secourus.

[a] A Maillé chasteau proche de la Rochelle pris par les Protestans, fut de ces guerres le commencement des faulses fois : puis à l'Abbaye S. Florent prés de Saumur en Poitou, & autres lieux. I. le Frere. [b] Cecy a esté plus proprement expliqué cy deuant.

SVR DECEMB. 1567.

221 [a] *Par le criſtal l'entrepriſe rompue.*
Ieux & feſtins. [b] *de* L O I N *plus repoſer.*
Plus ne ſera prés des Grands ſa repue.
[c] *Subit catarrhe l'eau beniſte arrouſer.*

[a] Les deux armées Catholiques & Proteſtante ſe voyent premierement pres de Loudun, preſtes à ſe ioindre & meſler, ſi le Seigneur meſme des armées l'eut ainſi permis : mais pour l'extreme froid aſpre &
vehement qu'il faiſoit, delibererent d'hiuerner en Poitou. [b] Cecy ſera cy apres expoſé en ſon lieu. [c] Non generalement, ains en aucuns
lieux particuliers. Quoy que ce ſoit, ſont des menaces & arreſts ema-
nez de la Cour celeſte, pour punition des pecheurs impies. Voicy, les
iours viendront, dit le S E I G N E V R, que i'enuoyeray la faim ſur ceſte terre : non la faim de paim, ou ſoif d'eau : mais la faim d'oüyr la pa-
role de D I E V.

SVR IANVIER. 1566.

222 [a] *Perte, iacture grande, & non ſans violence*
A tous ceux de la foy, [b] *plus à religion.* (uance.
[c] *Les plus Grãds perdrõt vie, leur hõneur & che-*
[d] *Toutes les deux Egliſes. la coulpe à leur faction.*

[a] Iacture & perte aux deux religions, mais plus à l'vne qu'à l'autre. Ce qu'ailleurs il touche aſſez ſouuent. [b] Il ſemble entendre ceux
qui prennent le nom de religion, n'ayans pas l'effect. [c] Grands fort
menacez. Il a dit cy deuant,
    De tous coſtez les Grands ſeront afflits.
[d] Seront vexées, & feront perte.

CENT. 6. QVAT. 69.

223 [a] *Grande pitié ſera ſans long tarder,*
[b] *Ceux qui donnoient ſeront contrains de prendre.*
Nuds, affamez, de froid, ſoif, [c] *ſoy bander :*
[d] *Paſſer les monts en faiſant grand eſclandre.*

N

[a] Il deplore l'estrange metamorphose & condition de ceux de la religion dite reformée, fuitifs. [b] Ceux qui auparauant estoient riches & bien ayfez, deuiendront pauures [c] Ils se banderont contre leur Roy & Prince. [d] Ce qu'est signifié par ce dernier vers est à venir.

SVR DECEMBRE. 1562.

224 [a] *Par le cristal l'entreprise rompue.*
Ieux & festins. [b] *de* LOIN *plus reposer.*
Plus ne fera pres des Grands sa repue.
[c] *Subit catarrhe l'eau beniste arrouser.*

[a] Ce premier vers a esté cy deuant expliqué. [b] Loys de Bourbon Prince de Condé est tué en la bataille donnée entre Baslac & Iarnac le 13. de ce mois. [c] En d aucuns lieux particuliers, non generalement. Ce que ia auons veu & voyons en ceux qui sont gastez & infects d herefie.

SVR IVIN. 1567.

225 [a] *Par le thresor trouué l'heritage du pere.*
Les Roys & Magistrats, les nopces, ennemis,
Le public mal veuillât, les Iuges et le Maire: (mis.
La mort, pœur et frayeur. [b] *& trois Grâds à mort*

[a] Ces trois vers & demy sont d'vn autre temps. [b] Trois Grands en peu de temps esteints, le Prince de Condé en Mars, & d'Andelot & Duc des deux Ponts en May suyuant, ceste année 1569. Est ce point de ceux cy dont parle nostre Auteur sur 1559 combien que i'estime qu'vn autre y soit compris. Mais il dit ainsi, En mesme temps la fortune se iouera bien de trois presques dans vn moment, & tous subiets à vn defailliment diuers. O que tu es perfide & fragile!

CENT. 3. QVAT. 33.

229 [a] *En la cité ou le loup entrera,*
Bien pres de là les ennemis seront.
Copie estrange grand pays gastera.
[b] *Aux monts & Alpes les amis passeront.*

ᵃ Ces 3 vers ont eſté expliquez cy deuant ᵇ Secours du Pape Pie V.
ſouz la charge du Comte de Sainte Fior, enuoyé au Roy de France, de
douze cens caualliers Italiens, & quatre mille fantaſſins.

CENT. 12. QVAT. 24.

227 ᵃ *Le grand ſecours venu de la Guienne*
S'arreſtera tout aupres de Poitiers.
ᵇ *Lyon rendu par Montluel & Vienne,*
Et ſaccagez par tout gens de meſtiers.

ᵃ L'armée des Princes Proteſtans s'eſtant iointe aux troupes Alle-
mandes en Limoſin, viennent de là aſſieger Poitiers dés le 24. Iuillet,
iuſques au 7 Septem. ſuyuant. ᵇ Les vers derniers ſont declarez cy deuant ſur l'an 1562.

CENT. 4. QVAT. 46.

228 ᵃ *Bien defendu le fait par excellence.*
ᵇ *Garde toy Tours de ta proche ruine.*
Londres & ᶜ Nantes par Rheins feront defenſe.
Ne paſſez outre au temps de la bruine.

ᵃ Ie ne doute point que cecy ne ſe doiue referer audit ſiege, ou l'vn
des Grands Capitaines de noſtre temps l'Admiral fut aculé par le ieune Duc de Guyſe & Marquis de Mayenne ſon frere. Eſt. Paſquier. ᵇ Ce
ſecond & dernier vers ont eſté touchez cy deuant ᶜ Entrepriſe des
Proteſtans ſur la ville de Nantes faillie, & ce en Septembre ſuyuant:
combien que i'ay dy cy deuant n'entendre point ce vers.

SVR AVRIL. 1567.

229 ᵃ *Par grandes maladies religion fachée,*
ᵇ *Par les enfans & legats d'Ambaſſade,*
Don donné à indigne. nouuelle loy lachée.
Biens de vieux peres. Roy en bonne contrade.

ᵃ **Beaucoup** de Seigneurs Proteſtans, Capitaines & vaillans ſoldats atteins de griefues maladies audit ſiege de Poitiers. L'Admiral meſme fut ſi viuement perſecuté d'vne dyſenterie, qu'on le penſoit perdu. ᵇ Cy deuant a eſté faite mention du reſte.

SVR OCTOBRE. 1563.

230 ᵃ*Voicy le mois par maux tant à doubter.*

Morts, tous ſaigner. peſte, faim, quereller.

ᵇ*Ceux du rebours d'exil viendront* ᶜ*noter.*

Grands, ᵈ*ſecrets, morts, non de contreroller*

ᵃ Ces deux vers ont eſté alleguez & declarez cy deuant. ᵇ L'Auteur appelle les Proteſtans, Ceux du rebours d'exil, pour auoir eſté par Edits rappellez d'exil, voire careſſez & exaltez : & comme ailleurs il dit, *Captifs ferrez,* C'eſt à dire, armez. ᶜ Le Vidaſme de Chartres & Comte de Montgommery condamnez, & l'Admiral entre eux deux, executez par effigie en la place de Greue à Paris, & ce le 3. de Septembre, autres dient le 13. ᵈ l'Auteur ſe commande à ſoy-meſme de ne reueler le ſecret des Roys, que cy deuant neantmoins auons declaré.

SVR NOVEMB. 1565.

231 ᵃ*Des grands le nombre plus grand ne ſera tãt.*

ᵇ*Grands changemens, commotions, fer, peſte.*

ᶜ*Le peu deuis. preſtez, payez contant.*

Mois oppoſite gelée fort moleſte.

ᵃ Infiny eſt le nombre des Grands & de la nobleſſe Françoiſe, qui en noz guerres ciuiles, & pour icelles ont perdu la vie. ᵇ La vie humaine, comme vne mer agitée de flots & tempeſtes, reçoit ordinairement de grandes mutations, mais plus ce ſemble, és choſes aduerſes que proſperes. ᶜ Ces deux vers ont eſté touchez cy deuant.

CENT. 9. QVAT. 9.

23 ᵃ*Quand lampe ardante de feu inextinguible*

Sera trouuée au ᵇ*temple des Veſtales,*

Enfant trouué. ᶜ*feu.* ᵈ*eau paſſant par crible,*

Niſme eau perir. Tholouſe choir les hales.

ᵃ Il remarque le temps de la priſe de Niſmes villes de Languedoc,
ſur les Catholiques par les Proteſtans, que fut le 15. de ce mois: toutefois rien ne m appert de ceſte lampe & feu perpetuel trouué au temple de Veſta, qui auiourd huy ſe renomme de la fontaine, ſinon que par vn ouy dire incertain: & encore moins de ceſt enfant & ſtatuë de marbre, ou d'airain, dont eſt parlé icy ᵇ De ce temple voys en la delineation & ichnographie au diſcours hiſtorial de Iean Poldo d'Albenas de l'antique cité de Niſmes. ᶜ Troubles, diſſentions, partialitez. ᵈ Niſmes ſurpriſe par vn coulant d'eau, qui deſtill ant d'vne fort belle & large fontaine, voiſine de la Tourmagne, entre dans la ville par la porte Bouquerie: puis ſort par vn pertuis fait au pied de la muraille, fermé neantmoins de barres & treillis de fer, que l'Auteur appelle crible Voy l'hiſtoire au long dans I. le Frere au 14. li. de ſon hiſtoire.

SVR MARS. 1558.

233 ᵃ *Vaine rumeur dedans la hierarchie.*
ᵇ *Rebeller Gennes: courſes, inſults, tumultes.*
ᶜ *Au plus grand Roy ſera la monarchie,*
Election. ᵈ *conflit, couuert. ſepultes.*

ᵃ De ceſte rumeur a eſté parlé cy deuant. ᵇ Voy le trouble de Gennes dans Surius tout au long, entre les anciens & nouueaux reformateurs de la republique, qui commençà ceſte année, durant iuſques à 1575 ᶜ Ce tiers verſet iuſqu à *conflit*, ſera ailleurs expliqué. ᵈ Ie coud, & ioint cecy au trouble de Gennes.

MARS DE L'AN 1566. (hiront.

234 ᵃ *Les ſeruãts des Eſgliſes leurs Seigneurs tra-*
D'autres Seigneurs auſſi par l'indiuis des champs
ᵇ *Voiſins de preſche & meſſe entre eux querelle-*
ront. (chans.
Rumeurs, bruits augmenter. ᶜ *à mort pluſieurs cou-*

ᵃ Combien d'apoſtats durant noz guerres ciuiles ont trahy leurs Egliſes & temples, & autres leurs maiſtres & Seigneurs. Voy de cecy

vn bel exemple dans Surius sur l'an 1565 fait dans Laon. O que se
trouuera bien heureux celuy (dit nostre Autheur quelque part: qui ne
se sera fié à son seruiteur, pour l'infidelle desloyauté, que feront la plus
part d'iceux à l'écôtre de leurs maistres & Seigneurs. ^b il a dit cy deuât,
De presche et messe griesuement soy debatre. , - *Presche et messe en enuie.*
^c Ie ne sçay qu'il veut dire en ce lieu, s'il ne se doit rapporter ausdits
seruâts, dignes d'vn supplice de roue, ou ils soiét estenduz & couchez.

CENT. 12 QVAT. 65.

235 ^a*A tenir fort par fureur contraindra.*
^b*Tout cueur trembler.* ^c*Langon aduent terrible.*
^d *Le coup de pied mille pieds se rendra.*
^e*Gyrond.Garon.ne furent plus horribles.*

 ^a La furie de la guerre contraindra plusieurs villes à tenir fort.
^b L'effort d'icelle guerre sera tel, que voire les plus hardis tremble-
ront. ^c Langon place assez forte en Gascongne, assize sur la riuiere de
Garonne, à quelques six lieües de Bordeaux, prise & reprise par l Huguenot & Catholique. ^d Cecy respond à ce qu'il a dit cy deuant,
Le peu deuis, prestez, payez contant.
^eGyronde fluue de la Guyenne, qui se decharge dans Garonne.

SVR IVIN. 1565.

239 ^a*Viduité tant masles que femelles.*
^b *De grands Monarques la vie pericliter.*
Peste, fer, faim. grand peril pesle-mesle.
Troubles par changes. petis Grands conciter.

 ^a Infinité de femmes se trouuent vefues pour la cruauté des guerres ciuiles, & le grand carnage d'hommes qui s y est fait. ^b Le second
vers appartient à vn autre temps, ainsi que fait le troisieme à demy.

CENT. 2. QVAT. 45.

237 ^a*Trop le ciel pleure.* ^b*Androgyn procrée.*
^c*Pres de ce ciel* ^d*sang humain respandu.*
^e*Par mort trop tarde grand peuple recrée.*
^f*Tard et tost vient le secours attendu.*

ᵃ Ce quatrain eſt diligemmenr expliqué par I. Dorat au premier liure de ſes Poëmes, diſant par vn qui le fait parler François,

Les ſignes precedens celle Androgyne teſte,
Ont eſté les frimats, les pluyes, la tempeſte:
Les fluues debordez au plus fort de l'eſté
De ce part monſtrueux les ſignes ont eſté.

ᵇ Monſtre de deux enfans gemeaux s'entretenans par les parties honteuſes né dans Paris le 20. de ce mois, pendant qu'on tramoit la paix Il appelle autre part le né biparty ᶜ Pres du ciel & au ciel meſme ou l'Androgyn eſt né. ᵈ C'eſt la iournée S. Barthelemy ſans doubte. ᵉ Icelle iournée (dit-il) ſera trop tardiue. ᶠ Ce vers n'appartient à ce temps.

SVR SEPTEMB. 1563.

238 ᵃ *De bien en mal le temps ſe changera.*
ᵇ *Le pache d'Auſt.* ᶜ *des plus Grands eſperance.*
Des Grands deul. L V I S trop plus trebuchera.
Congnus Razez pouuoir ny congnoiſſance.

ᵃ Ce vers eſt touché cy deuant ᵇ Quand l'Autheur a dit,
Le pache d'Auſt, ie ne puis croire, qu'il n'ait entendu la paix arreſtée le huictiéme du preſent, apres ces troiſiémes troubles de deux ans. ᶜ Le reſte de ce quatrain eſt expliqué ailleurs.

CENT. I2. QVAT. 36.

239 ᵃ *Aſſault farouche en Cypre ſe prepare,*
La larme à l'œil de ta ruine proche:
Byzance claſſe, Moriſque ᵇ *ſi grand tare.*
ᶜ *Deux differens. le grand vaſt* ᵈ *par la roche.*

ᵃ Selym Empereur des Turcs. fils de Solyman dernier decedé repete par ſon Ambaſſadeur l'iſle de Cypre d'entre les mains des Venitiens, diſant icelle luy appartenir; pour laquelle leur ayant denoncé la guerre, prifes par fes Baffas Muftapha & Piali les deux principales villes de l'ifle, Nicofie & Famagoufte, en peu de mois fe rendit feigneur & maiftre de ce riche & floriffant royaume. Voy Pierre Byzare, qui defcrit au long celle guerre, & Surius. b (S i g r a n d t a r e) fi grande multitude, laquelle eftoit, ainfi qu'efcrit ledit Byzare, de deux cens mille hommes de toute taille c Aftor Baleon, Capitaine genereux & bien entendu au fait de la guerre, eftoit d'aduis d'aller au deuant de l'armée Turquefque, & l'empefcher de prendre terre, encores qu'ils fuffent peu de gens. Nicolas Dandolo Gouuerneur de Nicofie auec fon Collateral Horocas, ne trouuerent bon de defgarnir la ville ny les forterefles de ce peu de gens qu'ils auoient, laquelle opinion fut fuyuie, mais non fauorifée de la fortune, d'autant que dans fix fepmaines ils fe virent pris, murtris & faccagez miferablement, apres auoir enduré tout l'effort d'vn fiege tres-violant d La ville de Nicofie, ou furent donnez les premiers coups, eft enceinte de hautes montagnes en partie, partie de monticules.

S V R S E P T E M B. 1560.

240 ᵃ *Priuez feront Razes de leurs harnois:*
Augmentera leur plus grande querelle.
Pere liber deceu fulg. Albanois.
ᵇ *Seront rongées fectes à la mouelle.*

ᵃ Ces trois vers font expliquez cy deuant. ᵇ Proteftans roturiers razez à payer le quint denier de leur reuenu. pour acheuer le payement des Reiftres & Lanfquenets qu'ils auoient fait venir l'an precedent.

C E N T. 9. Q V A T. 8 9.

241 ᵃ *Sept ans aura* P H I L I P *fortune profpere.*
ᵇ *Rabaiffera des Barbares l'effort.*
ᶜ *Puis fon midy perplex, rebours affaire.*
ᵈ *Ieune Ogmion abyfmera fon fort.*

ᵃ Temps certain pour l'incertain. C'eft à dire au commencement de fon regne plus qu'en autre temps. ᵇ Philippes I. Roy d'Efpagne affocié

auec la ligue ſainte, obtint au commencement de ce mois vne victoire memorable ſur les Turcs au golfe de Lepante. Surius. ᶜ Eu eſgard
aux grands affaires & troubles, qui luy ſont ſuruenuz lors en la Flandre & ailleurs. ᵈ Ce dernier vers eſt dans l'aduenir aſſez profonde-
ment.

SVR IVILLET. 1565.

242 ᵃ *Greſlé, rouillure, pluyes & grandes playes*
Preſeruer femmes, ſeront cauſe du bruit.
Mort de pluſieurs peſte, fer, faim par hayes.
ᵇ *Ciel ſera veu qu'on dira qu'il reluit.*

ᵃ Ces trois vers auſſi ont eſté declarez cy deuant. ᵇ Tumulte excité
à Paris pour la croix de Gaſtine. Le ſoir qu'elle fut abatuë, le ciel fut
tout eſpris en flammes, & n'ouyt on que vents les plus impetueux qui
furent oncques. Annales de France.

SVR IANVIER. 1562.

243 ᵃ *Deſir occult pour le Bon paruiendrai*
ᵇ *Religion, paix, amour & concorde:*
ᶜ *L'epithalame du tout ne s'accordra.*
ᵈ *Les haut qui bas, & haut mis à la corde.*

ᵃ De ce deſir ſera parlé cy apres. ᵇ Ceſte année eſt pacique. ᶜ Le Pape & les autres Princes Chreſtiens n'appreuuent l'alliance & mariage
de M. Marguerite ſœur du Roy Charles, auec le Roy de Nauarre, voire tendent de l'empeſcher. ᵈ Ce vers 4. n'appartient icy.

SVR MAY. 1559.

244 ᵃ *Par le deſpit nopces, epithalame.*
ᵇ *Par les trois parts Rouges, Razez partis:*
ᶜ *Au ieune noir remis par flamme l'ame.*
Au grand Neptune Ogmius conuertis.

ᵃLe Roy s'affectionne audit mariage, le traite & conclud ᵇVoyage
du Cardi. Alexandrin & Euesque Saluiati en Espagne & Portugal, &
de là en France, dont ils n'emporterent rien des fins pour lesquelles
ils estoient venuz, assauoir pour diuertir ledit mariage. ᶜCes deux
vers seront repetez cy apres, & expliquez.

SVR SEPTEM. 1567. (publique

245 ᵃ*Longues langueurs de teste. nopces. ennemy*
*Par Prelat & voyage.*ᵇ*songe du Grand, terreur.*
ᶜ*Feu & ruine grande.* ᵈ*trouué en lieu oblique.*
Par torrent decouuert. sortir noues erreurs.

ᵃLes Catholics estoient fort mal affectionnez aux portemens du
Roy enuers les Protestans: & les Protestans soupçonnoient le voyage des Prelats susdits. I. le Fre. li. 18. de l'hist des troubles. Et c'est ce
qu'ailleurs a dit l'Auteur, Les plus grands sanguinaires seront prefe-
rez: & à plusieurs d'entre eux cuidants autrement estre qu'il ne sera, le
glaiue promptement à la gorge, prononçans telles paroles, Est ce la
foy iurée! & là seront pleurs & grincemens de dents. ᵇSonge espouuentable du Roy Charles ᶜPossible que ce feu & ruine grande appartient à ce songe. Voy Iean Dorat au susdit epigramme de l'Androgyn.
ᵈLe reste est facheux à entendre.

SVR L'AN 1566. (violence.

246 ᵃ*Aux plus Gräds mort, iacture d'honneur. et*
Professeurs de la foy, leur estat & leur secte.
*Aux deux grädes Eglises,*ᵇ*diuers bruit, decadëce.*
Maux voisins querellans. serfs d'Eglise sans teste.

ᵃDés l'an 1559. l'Auteur disoit, Seront des plus Grands, qui par
plusieurs & diuerses factions ciuiles non tant seulement perdront
leurs biens, mais leur vie & honneur ignominieusement & de seuere
pertinacité. Ou il conuient noter, puis qu'il parle de iacture, d'honneur & de seuere pertinacité, il taxe ceux qui ont abandonné le party
de leur Roy, & suiuy le contraire par grande pertinacité. ᵇIl dit autrepart,

Tant de bruits couriront.

CENT. II. QVAT. 21.

247 *ᵃYeux clos ouuerts d'antique fantasie,*
L'habit des Seuls sera mis à neant.
ᵇLe grand Monarque chastira frenesie:
Thresor rauy des temples par deuant.

ᵃNous auons ia touché ces deux vers cy deuant ᵇC'est à dire, que le Monarque de France, Charles neufiesme chastiera la temerité de ses subiets rebelles, apres qu'ils auront fait vne infinité de rauages aux temples, tué les Ecclesiastiques, & autres debordemens.

SVR IANVIER. 1562.

248 *ᵃDesir occult pour le Bon paruiendra.*
Religion, paix, amour & concorde.
ᵇL'epithalame du tout ne s'accordra.
ᶜLes haut qui bas, & haut mis à la corde.

ᵃLe Roy estoit affectionné à deux choses, sçauoir est au mariage de sa sœur, & reünir ses subiets à vne religion, paix & concorde, les rebelles domtez. ᵇNous auons cy deuant parlé des empeschemens donnez au susdit mariage. ᶜIl dira le mesme cy apres.
Voir des plus Grands par col & pieds penduz.

SVR MAY. 1559.

249 *ᵃPar le despit nopces, epithalame.*
ᵇPar les trois parts Rouges, Razez partis.
ᶜAu ieune noir remis par flamme l'ame.
ᵈAu grand Neptune ᵉOgmius conuertis.

ᵃLe Roy se resoult de voir la fin de ce mariage, contre l'aduis deß plus grands Catholics de son royaume,& presque de tous les Ambaßsadeurs estrangers.ᵇ Ce vers est icy deuant esclaircy. ᶜ Mariage acçomply du ieune Roy de Nauarre & de Madame Marguerite de Valois le 18.de ce mois. ᵈ Le ieune Prince suit les pas & conseils du grãd Neptune,qui est l'Admiral Chastillon. ᵉ C'est à dire, beau parleur, bel harangueur,facond, attirant à sa cordelle & party vne infinité de peuple:ainsi que faisoit l'ancien Hercule Gaulois, appellé d'iceux Ogmius.Voy la peinture & description ample d'iceluy dans les diaĵogues de Lucian.

S V R   M A Y.   1 5 6 7.

250 ᵃDu pere au fils s'approche; Magistrats dits se-
ᵇ Les grandes nopces.ᶜ ennemis garbelans (ueres.
De latens mis auant.ᵈ pour la foy d'improperes.
Les bons amis & femmes contre tels groumelans.

ᵃ L'explication de ce vers premier se reseruera pour le second liure. ᵇ Ce sont les nopces des mesmes Prince & Princesse dits cy deuant. ᶜ Sont le Pape,le Roy d'Espagne,& autres Princes, qui ne trouuoient bonne celle alliance à cause de la religion. ᵈ Il soustiendra plusieurs improperes & contredits pour sa foy & religion. ᵉ Ce neantmoins sera procedé à la consommation dudit mariage au moyen des bons amis(C'est le Roy Charles I X.) & femmes, assauoir les Maiestez des deux Roynes ses meres. De ce mariage l'Auteur parloit encores ainsi l'an 1559.Venus & Mars proches l'vn de l'autre presagent quelque mariage grand,qui se paracheuera, lequel tant de temps s'estoit manié,Et à leur conionction seront ioints ensemble plusieurs autres euenemens,qu'il n'est besoin particulariser, (il entend la iournée S. Barthelemy) pour n'irriter les tauans & guespes, qui sont autour du tombeau du virulent Archilochus. Il passe plus outre là mesmes, & dit, Par plusieurs doubtes & moyens ce qu'auparauant s'estoit conioint par grande amour,foy,loyauté & fidelité,sera separé & deioint, non sans grand trouble.

A O V S T   D E   L' A N   1 5 6 5.

251 ᵃ Point ne sera le grain à suffisance.
ᵇ La mort s'approche à neiger plus que blanc.
Sterilité.grain pourri.d'eau bondance.
ᶜ Le Grand blessé.plusieurs de mort de flanc.

ᵃ Ce premier vers eſt du paſſé,& le tiers auſſi. ᵇ Eſtrange metapho-
re! C'eſt à dire, La mort s'approche à renuerſer & occire gens plus eſ-
paix que neige,lors qu'elle tombe du Ciel Ailleurs il dit, O la piteu-
ſe tragedie qui ſe prepare ! telle que iamais ne fut veuë,ny onques
racomtée par aucune des hiſtoires memorables du paſſé. ᶜ L'Admiral Chaſtillon eſt bleſſé à la main le 22.de ce mois.

CENT. 4. QVAT. 33.

252 ᵃ *Iupiter ioint plus Venus qu'à la Lune*
Apparoiſſant de plenitude blanche.
Venus cachée ſoubs ᵇ la blancheur. ᶜ Neptune
De Mars ſrapé par la granée branche.

ᵃ Icy eſt conceu Charles Monſieur,fils naturel de Charles I X. qui
naſquit en Daulphiné l'an ſuyuant . Choſe que l'Auteur cache d'vn
merueilleux artifice. ᵇ Soubs la ſplendeur du Soleil. ᶜ Ledit Admiral
retournât du louure,eſt bleſſé d'vne harquebuſade à trois bales. L'Auteur ailleurs ſpecifie la partie leſeé par ces mots , Siniſtres & treſ-
mauuais euenemens aduiendront par freres,ſœurs,parens,amis, petis
voyages,foy,non foy,religion feinte & non feinte.Les mains, le cou-
de, & membres proches ſeront les vns preſeruez, les autres leſez.

SVR FEVRIER. 1563.

253 ᵃ *Des ennemis mort de langue s'approche.*
ᵇ *Le Debonnaire en paix voudra reduire.*
ᶜ *Les obſtinez voudront perdre la poche.*
ᵈ *Surpris,captifs,& ſuſpects fureur nuire.*

ᵃ C'eſt à dire, La mort & ruine des Proteſtans s'approche, pour auoir
trop parlé & dogmatiſé. Il à dit cy deuant le meſme,

Seront murtris & mis dans les ſcintiles ,
Qui de parler ne ſeront eſté parques.

ᵇ Par le Debonnaire eſt entendu le Roy Charles. ᶜ Sont les Proteſ-
ſtans meſmes. ᵈ Qui ſont ſurpris, captifs & grand nombre de tuez aux
matines Pariſiennes. Choſe merueilleuſe eſt de ce qu'il diſoit ſur l'an
1555. decouurant tout le ieu (ſi ieu doit eſtre appellé cela) & l'entrepriſe, Ce qu'on a deliberé de faire dans vne nuit contre les bien endor-
mis, ſera d'vne grande cruauté. Ils feront par force veiller la plus part
deux nuits, & à la tierce le iour ſynodal ſera l'embuche. O la malheu-
reuſe entrepriſe pour pluſieurs!

AOVST DE L'AN 1564.

254 ᵃ *Deluge prés. beſte bouine.* ᵇ *neuue*
Secte flechir. ᶜ *aux hommes ioye vaine.*
ᵈ *De loy ſans loy. mis au deuant pour preuue.*
ᵉ *Apaſt, embuche, & deceus couper veine.*

    ᵃ Cecy appartient ailleurs. ᵇ Les Proteſtans flechiſſent par la
mort de leurs grands Capitaines & guerriers. ᶜ Les hommes toutefois s'en reſiouyront vainement, dit l'Auteur, pource qu'apres ceux là
en viendront d'autres, qui feront teſte: ou bien meſmes ceux qui ſe
ſont exemptez de ce naufrage. ᵈ Ce vers eſt obſcur. ᵉ Ils ont eſté em-
miellez & apaſtez, puis occis. Cy deuant nous auons apporté l'entrepriſe, icy nous mettons les lieux, ſelon vn preſage fait 1557. ſur ce
mois d'Aouſt, Quelques ſiniſtres accidents aduiendront dans ce mois
& le prochain ſi eſtranges, que les larmes me viennent aux yeux, te-
nant la plume à la main. Ce ſera au circuit de la France, depuis le Lyõ-
nois à Paris.

SVR IANVIER. 1555.

255 ᵃ *Le gros airain qui les heures ordonne,*
Sur le treſpas du ᵇ *Tyran* ᶜ *caſſera:*
Pleurs, plaints & cris. ᵈ *eaux glace pain ne donne.*
V.S.C. paix. l'armée paſſera.

    ᵃ I'ay touſiours en ſoupçon que ces deux vers & demy s'enten-
doient de la mort dudit Admiral, qu'il appelle Tyran, & du ſignal qui

fut donné à la populace d'acheuer le reſte par la ville, par la groſſe cloche du Palais qui baſtoit ſans ceſſe. [b] Les triſtes nouuelles (dit noſtre meſme Auteur ſur ce mois & an) qu'on iouyra depuis la nouuelle Lune iuſqu'à ce dernier iour ! Le Principal (c'eſt ledit Admiral) ſera en danger de perdre la vie Or la nouuelle Lune eſtoit le 23. de ce mois, parquoy ledit a exactement prognoſtiqué & preueu ceſte iournée, qui fut le 24. [c] C'eſt à dire qu'on ſonnera icelle cloche tant & ſi long téps, qu'il ſemblera qu'on la doiue caſſer. C'eſt vne hyperbole. [d] Le reſte a eſté touché ſur l'an 1556.

SVR SEPTEMB. 1566.

256 [a] *Armes, playes ceſſer. mort de ſeditieux.*
[b] *Le pere Liber grand non trop abondera.*
[c] *Malins ſeront ſaiſis par plus malicieux.*
[d] *France plus que iamais victrix triomphera.*

[a] Comme s'il diſoit, En pleine paix ſuruiendra la mort & defaite de s deſſuſdits Proteſtans. [b] Le ſecond vers n'eſt de ce temps. [c] L'Auteur ſur 1561 parlant de ceſte iournée, dit outre-plus qu'aucuns malins ſeront ſubmergez & ſuffoquez totalement. Ce qu'eſt aduenu meſmement dans Paris. [d] La France pour auoir domté grand partie de ſes ennemis, triomphera.

SVR FEVRIER. 1567.

257 [a] *Priſons par ennemis occults & manifeſtes.*
[b] *Voyage ne tiendra.* [c] *inimitié mortelle.*
L'amour trois, ſimultez, ſecret. publiques feſtes.
[d] *Le rompu ruiné.* [e] *l'eau rompra la querelle.*

[a] Les Proteſtans reſerrez aux priſons en pluſieurs lieux. [b] C'eſt le voyage de Flandres, qui ſe deuoit faire pour la conqueſte d'vn ſi bon & riche pays, peu auant les matines Pariſiennes. [c] Le Roy portoit à ſes ſubiects rebelles inimitié mortelle [d] Le Proteſtant eſt ruiné, & bien bas. [e] La riuiere de Seine ſauua ceux qui eſtoient logez aux faulxbourgs Sainct Germain, à Paris.

258 ^a *Les ennemis publics, nopces & mariage:*
La mort aprés. ^b *l'enrichy par les morts.*
^c *Les grands amis se monstrer au passage.*
Deux sectes iargonner. ^d *de surpris tards remords.*

^a Apres le mariage viendra la mort de l'ennemy public. ^b Le Roy de
Nauarre enrichy depuis à l'occasion des Roys & Princes decedez.
^c Les Ducs de Guyse & d'Aumale, les Sieurs de Biron, Bellieure, &
l'Ambassadeur Anglois sauuerent la vie à plusieurs Protestans. I. le
Frere. ^d Les surpris, tard se repentiront d'auoir esté trop faciles, entendant les Protestans.

IVIN SVIVANT.

259 ^a *Par le thresor, trouué l'heritage du pere.*
^b *Les Roys & Magistrats, les nopces, ennemis,*
Le public mal veuillât, les Iuges et le Maire, (mis.
La mort, paeur & frayeur. ^c *et trois Grãds à mort*

^a Le premier vers & queuë du quatrain ne sont de ce temps. ^b Les
Roys, les Magistrats, le peuple tous se bandent contre ledit ennemy,
qui est le Protestant. ^c I'ay dy cy deuant qui estoient ces trois Grands.

AOVST SVIVANT.

260 ^a *Les ennemis secrets seront emprisonnez:*
^b *Les Rois & Magistrats y tiendrõt la main seure.*
^c *La vie de plusieurs. santé. malade yeux, nez.* (re.
^d *Les deux Grãds s'en irõt bien loin à la male heu-*
^a Il repete

^a Il repete ce que deſſus. *Priſons pour ennemis*, &^b Le Roy en-
uoit memoires & inſtructions à tous les Gouuerneurs des prouinces
contre les Proteſtans de leur reſſort. ^c La vie ſera à pluſieurs garan-
tie. ^d Ce dernier vers appartient au paſſé.

CENT. 4. QVAT. 46.

261 ^a *Le Noir farouche quand aura eſſayé*
Sa main ſanguine par feu, fer, arcs tendus:
^b *Treſtout le peuple ſera tant effrayé,*
^c *Voir des plus Grands par col & pieds pendus.*

^a L'Auteur entend l'Admiral ſans doubte, lequel il deſguiſe diuer-
ſement, tantoſt d'vne façon tantoſt d'vne autre ^b Il effrayera le peuple par la violence de ſes cruautez, & deportemens. ^c Le corps dudict
Admiral trainé & dechité en mille lieux, puis la teſte coupée, le tronc
eſt pendu par les pieds au gybet de Montfaucon lez Paris. Voy l'hiſtoire à plein dans I. le Frere liure 10.

CENT. 3. QVAT. 91.

262 ^a *L'arbre qu'auoit par lõg temps mort ſeché,*
Dans vne nuit viendra à reuerdir:
^b *Chron. Roy malade. Prince pied attaché,*
Craint d'ennemis fera voiles bondir.

^a L'aubeſpin à demy ſec & deſnué de fueillage, fleurit neantmoins
au cemetiere Sainct Innocent à Paris vn iour ou deux auant l'equi-
nocce, & non lendemain de Sainct Barthelemy, ainſi qu'aucuns eſcriuent. ^b Ces deux vers appartiennent à autre temps.

CENT. 12. QVAT. 71.

263 ^a *Fluues, riuieres de mal ſeront obſtacles:*
La vieille flame d'ire non appaiſée,
Courir en France: cecy comme d'oracles:
^b *Maiſons, manoirs, palais, ſecte raſée.*

Commentaires sur les

ᵃ Ces vers ont esté expliquez ailleurs ᵇ Croyez que ie vous d
d'oracles. ᶜ La maison seigneuriale de l'Admiral & Chasteau de Chastillon sur Loin, par arrest du Parlement de Paris du 18. sont demolis,
razez & abbatuz.

SVR OCTOBRE. 1567. (mettre.

264 ᵃ *Les Rois et Magistrats par les morts la main*
ᵇ *Ieunes filles malades, & des Gräds le corps enfle.*
ᶜ *Tout par langueurs & nopces.* ᵈ *ennemis serfs au*
    maistre.
ᵉ *Les publiques douleurs. le Composeur tout enfle.*

ᵃ Le Roy declare la cause & occasion de la mort de l'Admiral, & autres ses adherants & complices. ᵇ Ce vers semble n'appartenir icy ᶜ C'est ce qu'il a dit cy deuant, *Pleurs, plaints & cris*, & dit encores icy, *Les publi. doul.* ᵈ Les subiets domtez recognoissent en fin
leur maistre ᵉ L'Auteur escriuant cecy 1566. & mois de Iuin, estoit
hydropique, dont il mourut peu apres.

SVR NOVEMB. 1565.

265 ᵃ *Des Grands le nombre plus gräd ne sera tät.*
Grands changemens, commotions, fer, peste.
ᵇ *Le peu deuis. prestez, payez contant.*
Mois opposite gelée fort moleste.

ᵃ Infiny est le nombre des Grands & de la Noblesse, qui en noz
guerres civiles ont perdu la vie Pasquier sur ce propos au 5 li. de ses
Lettres, Grande chose dit-il, & qui monstre bien qu'il y a vn merueilleux & espouuentable iugement de Dieu, qui court contre nous, que
tous les premiers Chefs de noz premiers troubles sont decedez de
morts violentes Du costé des Catholics, le Roy de Nauarre, le Ma-
reschal S. André, le Duc de Guyse & le Connestable: du costé des Huguenots, le Prince de Condé, l'Admiral, le Comte de la Roche-fou-
cault, & infinité d'autres Capitaines de nom. ᵇ Le reste du quatrain
est touché ailleurs.

SVR NOVEMB. 1564.

266ᵃ *Par bruit de feu Grãds* &ᵇ *Vieux defaillir.*
ᶜ *Peſte aſſoupie. vne plus grande naiſtre*
Peſte de l'Ara. foin caché. peu cueillir.
Mourir troupeau fertil. ioye hors preſtre.

ᵃ Claude de Lorraine, Duc d'Aumale & Pair de France tué au ſiege
de la Rochelle le 3 de ce mois, d'vne moyenne ᵇ Par Vieil eſt entendu
M le Conneſtable, duquel cy deuant auons touché le decez. ᶜ Le reſte
du quatrain eſt expliqué ailleurs.

SVR MARS. 1558.

267 ᵃ *Vaine rumeur dedans la hierarchie,*
Rebeller Gennes. courſes, inſults, tumultes.
ᵇ *Au plus grand Roy ſera la monarchie,*
Election. conflit. couuert. ſepultes.

ᵃ Cy deuant a eſté parlé de celle rumeur & trouble de Gennes. ᵇ Royaume de Pologne deferé en l'aſſemblée des eſtats de ce pays là à Henry de Valoys, Duc d'Anjou le 13 de ce mois, par election. Ceſte election aux Preſages ſur 1559 eſt nommé par noſtre Auteur alliance du
François auec le Polonnois, par ces mots, Et combien que le Lyon
enflammera les cueurs des plus Grands, ce nonobſtant le bruit ſera
qui ne ſera du tout vain,
Foedera coniungunt Dacico cum milite Gallum. Que i'ay ainſi traduit,

Le Dacien eſt ioint par alliance
Auec l'eſtoc ancien de la France.

Ce qu'anciennement on appelloit *Dacia*, eſt auiourd'huy recon-
nu ſoubs le nom de Vualachie, comprenant la Tranſyluanie, Ruſ-
ſie, Serrie, Bulgarie & autres confinants aux Polonois.

CENT. 2. QVAT. 11.

268 *Le prochain fils de [b] l'*A N I C R *paruiendra*
Tant eleué iufqu'au regne des Forts.
[c] *Son afpre gloire vn chacun la craindra:*
[d] *Mais fes enfans du regne iettez hors.*

[a] C'eft ledit Henry III eleué iufqu'au regne des Polonois & Allemans. Combien que les Polonois ne font Allemans, ains Slauons &
Sarmates, ainfi que monftre Cromer en fa Pologne : fi font-ils de là
venus habiter aux extremitez d'Allemagne, & eftendu amplement
leur domination. De tel honneur & exaltation auoit parlé noftre
Auteur vingt ans auparauant, ayant trouué ce que s'enfuit dans fes
Prefages fur 1555. En peu d'ans on viendra à preferer le fang martial,
Troyen fon fucceffeur yffu, & châtera l'on par l'vniuers, *effe fub Fran-
cigenis vndique Germaniam.* [b] A N I C R, mot contourné du Prouençal Anric pour Henry. [c] Il eft efcrit qu'à fon retour de Pologne en ce
royaume il ne contentoit tout le monde [d] Ledit Henry appelloit fes
enfans ceux que fort il cheriffoit, & aymoit: ou bien il veut dire, que
nul de fes enfans n'heritera le royaume, pour n'en auoir point.

SVR IVILLET. 1561.

269 [a] *Repris, rendu.* [b] *efpouuanté du mal.*
Le fang par bas, & les faces hydeufes.
[c] *Aux plus fcauants l'ignare efpouuantal.*
Perte, haine, horreur, tomber bas la piteufe.

[a] Les Sancerrois fe rendent au Roy demy morts, pour la famine extreme & trauail du fiege qu'ils auoient enduré fept mois entiers. Sur
1558 l'Auteur en parloit ainfi, Si iamais en fut vne autre, qui tant longuement ait tenu par fuperbe & pertinace opinion, par famine fera
renduë. [b] Le Roy fera tout eftonné du mal qu'endureront ceux de
Sancerre. Dequoy parle encores noftre Prognoftiqueur fur la fufdite
année, Nouuelles feront apportées aux Monarques pour receuoir les

citez aſſiegées de longue traite:mais pluſtoſt experimenter la famine Sagontine,& la condition de paix non durable ſera parlementée.ᶜLes deux vers derniers ont eſté remarquez ſur l'an 1561.

CENT. 3. QVAT. 91.

270ᵃ *L'arbre qu'auoit par long temps mort ſeché,*
Dans vne nuit viendra à reuerdir.
ᵇ *Chron.Roy malade.* ᶜ *Prince pied attaché,*
Craint d'ennemis fera voiles bondir.

ᵃ Ces deux vers premiers ont eſté cy deuant touchez. ᵇ Le Roy Charles priſt mal à my chemin , ainſi qu'il tenoit compagnie à ſon frere Roy de Pologne ſortant de ce royaume. Surius I le Frere li.28. dit le meſme,qu'eſtant hors du royaume il fut perſecuté d'vne griefue maladie:& peu apres,qu'on la diſoit incurable. Toutefois que peu de temps auant ſon decez eſcriuant aux Gouuerneurs de ſes prouinces, diſoit auſſi,que ayant eſté malade d'vne fieure quarte , il en eſtoit du tout guery.Noſtre Auteur adiouſte Chron. que i'interprete maladie chronique,temporaire & non dangereuſe:& ſi nous liſons cronique ſans h,ainſi que i'ay noté en quelques exemplaires,il voudra ſignifier ſaturniene & quarte. ᶜ Ie doubte de qui ſe doiue interpreter cecy, ayāt eſgard au temps,ſi n'eſt de Monſieur frere du Roy & Duc d'Alençon, qui calomnié enuers le Roy , dés icy fut detenu comme priſonnier, iuſques enuiron la my Septem.1575. qu'il s'abſenta de la Cour. Voy noz hiſtoriens.

CENT. 6, QVAT. 61.

271 *Le grand tapis plié ne monſtrera*
Fors qu'à demy la plus part de l'hiſtoire.
ᵇ *Claſſé du regne aſpre* L O I N *paroiſtra:*
Au fait bellique chacun le viendra croire.

ᵃ Aucuns tiennent qu'au voyage de Pologne , au logis d'vn Prince Allemand fut fait monſtre d'vn grand tableau au Roy Henry I I I. auquel eſtoit peinte naïfuement toute l'hiſtoire des matines Pariſiennes. [b] Ces deux vers ont eſté touchez cy deuant.

CENT. 6. QVAT. 100.

272 [a] *Fille de l'Aure, aſyle du mal ſain,*
Ou iuſqu' au ciel ſe void l'amphitheatre,
Prodige veu, ton mal eſt fort prochain,
[b] *Seras captiue, & des fois plus de quatre.*

[a] Ces trois vers ont eſté expliquez cy deuant ſur l'an 1562. [b] Glandage Capitaine Daulphinois ſe ſaiſit de la ville & chaſteau d'Aurange en ce temps, & quelques mois apres en eſt dechaſſé Voy I le Fre. li. 27. & Piguer. li 12.

SVR MAY. 1566.

263 *Entre peuple diſcorde, inimitié brutale.*
Guerre, mort de grands Princes. pluſieurs parts
Vniuerſelle playe, plus fort occidentale. (d'Italie.
Tempore bonne & pleine, mais fort ſeche et tarie.

[a] Ceſte année moururent pluſieurs grands Roys & Princes, Selym Empereur des Turcs, Charles IX. Roy de France, le grand Duc de la Toſcane, le Duc d'Vrbin, & Charles Cardinal de Lorraine. Quant au Roy Charles IX. il mourut le 30. May ceſte année, d'vne fieure continuë cauſee d'vne inflammation de poulmon. Ce que long temps auparauant auoit preſagé noſtre Autheur, diſant ainſi ſur 1559. La viduité (c'eſt à dire la mort) du ſecond Grand encores ne s'approche : le mal d'iceluy ſera au poulmon. [b] Le reſte eſt noté ailleurs.

CENT. 6. QVAT. II.

274 [a] *Des ſept rameaux à trois ſeront reduits.*
[b] *Les plus aiſnez ſeront ſurpris par mort.*
[c] *Fratricider les deux ſeront ſeduits.*
[d] *Les coniurez en dormant ſeront morts.*

ᵃ Ces fept rameaux font autant d'enfans du Roy Henry II qui
ont furueſcu, en ayant eu dix, defquels trois font paruenuz à la couronne de France fucceſſiuement, François II. Charles IX. & Henry III. Au Prognoſtiq de l'an 1560. l'Auteur difoit le mefme, *Du
grand tronc plufieurs branches feront coupées, fed non nifi morte natura-
li,* de tout fexe Voy Piguerre au premier li. & chap 1 de l'hift. de France ᵇ Les plus aifnez des trois font François II. & Charles IX ᶜCes
deux icy font Henry III. & François fon frere Duc d'Alençon, d'Anjou & de Berry. ᵈ Les coniurez, font les Chefs Proteſtans auec leur
fuite, occis à la icurnée S Barthelemy, & furpris de nuit à Paris 1571.
ainſi qu auons dit cy deuant plufieurs fois.

IVIN DE L'AN 1559.

275 ᵃ *De maifon fept par mort mortelle fuite.*
ᵇ *Grefle, tempefte. peftilent mal, fureurs.*
ᶜ *Roy d'Orient, d'Occident tous en fuite,*
Subiuguera fes iadis conquereurs.

Vie briefue des enfans de France : furquoy voy ce bel opufcule de
Ronfard intitulé le Tombeau de la maifon des Valois. ᵇ Toutes telles calamitez aduiendront pendant le regne d'iceux : ou bien ce vers fe
referera à l an fus noté 1559. ᶜ Ces deux vers derniers font bien auant
dans l'aduenir.

CENT. 3. QVAT. 30.

276 ᵃ *Celuy qu'en luite & fer au fait bellique*
Aura porté plus grand que luy le pris,
ᵇ *De nuit au lit fix luy feront la pique:*
Nud fans harnots fubit fera furpris.

ᵃ C'eft le Comte de Montgomery, qui aux tournois faits 1559. tua
le Roy Henry II. Surquoy fut tant celebré (il m'en fouuient) ce pref-
ge de l'Auteur, qu'il auoit auancé dés 1552. Certes le Grain entendant
d'orge) fera caufe de grandes mutineries & trouble. Or chacun fçait

qu'on appelloit autrement ce Comte, le Capitaine Lorges. ᵇ Ledict
Comte pris de nuit dans le chaſteau de Donfron en Normandie, me-
né à Paris, eut la teſte trenchee le 26. Iuin, ceſte année.

CENT. 4. QVAT. 44.

277 ª *Lous gros de Mende, de Rhodez & Millau,*
Cahors, Limoges, ᵇ *Caſtres malo ſepmano:*
De nuech l'intrado de Bordeaux vn caillau
Par Perigord au toc de la campano.

ª Ce quatr 'eſt tout Gaſcon, au pays deſquels noſtre Auteur a demeuré long temps. Outre-plus eſt plein d'hiſtoires, qui ſeront tou-
chées en leur lieu. ᵇ Caſtres en Albigeois ville bien peuplée & riche,
eut icy ſa mauuaiſe ſepmaine, ſurpriſe par les Proteſtans au mois
d'Aouſt 1574. apres auoir mis au fil de l'eſpee la garnizon de dedans,
que eſtoit de 334 tant Corſes que Italiens Eſt. l'aſquier en vn plaidé
qu'il fiſt en Feurier 1576 pour la ville d'Angouleſme, dit ainſi, Caſtres
puis nagueres a eſté ſurpriſe par l'artifice d'vn citoyen, qui mit le feu
dans vne maiſon: & ainſi que ceux de dedans s'amuſoient à l'eſtein-
dre, d'vn autre coſté les autres, qui auoient intelligence auec quelques
vns de la ville, eurent loiſir de s'en inueſtir. Tel ſtratageme ne fut pas
fait icy, ains comme eſt à colliger, par les Catholiques en l'an 1572.
lors que le Roy y enuoya garnizon ; qui fut refuſee par les citoyens
Proteſtans, qui y eſtoient les plus forts. Ce neantmoins les Catholiques firent en ſorte peu à peu, qu'ils s'en rendirent maiſtres. Ainſi eſcriuent Piguerre & I. le Frere, ſans parler dudit ſtratageme.

CENT. 6. QVAT. 83.

278 ª *Celuy qu'aura tant d'honnenrs & careſſes*
A ſon entrée en la Gaule Belgique,
ᵇ *Vn temps apres fera tant de rudeſſes:*
ᶜ *Et ſera contre à la fleur tant bellique.*

Henry III. arriue de Pologne à Lyon le 6 de ce mois. Ce qu'eſtant
ainſi, ie ne puis faire qu'en ce lieu ie ne deſcouure vn erreur grand
commis

commis par nos hyſtoriens, qui d'vn meſme conſentement eſcriuent
que ce Roy arriua de Pologne en France ſur le 2. Sept.1575. Que s'il
eſtoit vray, il s'enſuyroit iceluy auoir employé xv. mois entiers en
ce voyage. Choſe fort abſurde. Car il eſt certain que Charles I X. ſon
frere eſtant decedé le 30.de May 1574. La Royne mere depeſcha vn
gentil-homme pour aller en Pologne aduertir ſon fils de ce qu'eſtoit
ſuruenu, afin qu'à quelque pris que ce fut, il s'acheminaſt en France: &
deux iours apres partiſt vn autre auec pareille charge . Et eſt certain
que le Roy de Pologne ayant ouy ces ñouuelles, du 18.de Iuin, s'ache-
mina de belle nuit auec peu de gens, en grande diligence, paſſa par les
terres de l'Empereur, trauerſa le pays de Frioly , & arriua à Veniſe vn
mois apres, ſçauoir le 18. Iuillet, où la Seigneurie le receut en toute
magnificence: auquel lieu apres auoir demeuré dix iours, accompagné des Ducs de Sauoye , Ferrare Neuers , & de ſon frere le Grand
Prieur de France, paſſa iuſques à Padoüe Ferrare , Cremonne. Noel
des Comtes en ſon hyſtoire dit, qu'il eſtoit à Turin le 30. d'Aouſt ſuyuant, ou il eſcriuit aux Seigneurs Pologñois, & les exorta à luy tenir
leur foy promiſe & election, dont ils l'auoient honoré . Laurent Surius (auquel ie donne ma voix, pource qu'il apporte choſe conforme)
eſcrit que ledit Roy arriua dans Lyon le 6. Septem. en ladite année
1574. Doncques appert manifeſtement par telle ſuite & continuité de
voyage & de temps, l'erreur auquel ſont tombez, par ie ne ſçay quelle
inaduertence, trois de noz hyſtoriens, Milles Piguerre , Iean le Frere,
& celuy qui a fait l'appendice des Annales de France. [b] Comme telles
rudeſſes ſe doiuent interpreter, nous le dirons cy apres. [c] Contraire à
la fleur de lys, pource que le bruit fut , qu'il s'eſtoit fait couuertement
protecteur de ceux de la religion nouuelle.

CENT. 7. QVAT. 35.

279 [a] *La grande poche viendra plaindre, pleuret*
D'auoir eſleu : [b] *trompez ſeront en l'age.*
[c] *Guerre auec eux ne voudra demeurer:*
[d] *Deceu ſera par ceux de ſon langage.*

[a] Les Polonois ſe plaignent d'eſtre abandonnez de leur Roy, & le
recherchent iuſques à Ferrare par leur Ambaſſadeur. [b] Il n'auoit pas
atteint vingt & trois ans, lors qu'il fut eſleu Roy de Pologne [c] Il entre en Pologne au mois de Decembre 1573. & en part le 18. Iuin de l'an

Q

suyuant. ^d Il n'accepte la couronne de Pologne de son plein gré, ains par les importunes prieres du Roy Charles son frere, & la Royne sa mere,& d'autres Seigneurs.

SVR DECEMB. 1560.

280 ^a *Les deuls laissez, supremes alliances.*
^b *Raze Grand mort.* ^c *refus fait à l'entrée:*
De retour estre. ^d *bien fait en oubliance.*
La mort du iuste à banquet perpetrée.

^a Ce premier vers se peut rapporter au mariage dudit Roy Henry cy apres specifié ^b Charles Cardinal de Lorraine meurt en Auignon le lendemain de Noel, empoisonné, ainsi que l'on croid, & le monstre l'Auteur au 4 vers. ^c Cecy s'entend dudit Roy Henry III. qui à son retour de Pologne en France ne peut contenter ses subiets. ^d Possible pour la couronne de Pologne procurée, ou pour les dons immenses à iceluy faits auant son depart de France, & apres son retour aussi.

CENT. 6. QVAT. 93.

281 ^a *Prelat auare, d'ambition trompé*
Rien ne fera que ^b *trop cuider viendra.*
Ses messagers & luy bien ^c *attrapé.*
^d*Tout au rebours voir qui le bois fendra.*

^a l'interprete cecy encores dudit Sieur Cardinal, ie ne sçay si ie me tromperay point, pource que cy deuant nostre Auteur l'a appellé iuste pie, & eloquent, & icy auare, ambitieux & trop cuidant : toutefois ie persiste en mon opinion, à l'occasion du 4 verset. ^b Pittaque de Mytilene l'vn des sept Sages renommez entre les Grecs, conseilloit au contraire, disant, Ne cuide point trop, Ne fay rien trop ^c Suruenant la mort inopinée d'iceluy. ^d Celuy qui fendra les pierres, celuy qui fera du vaillant, & de fait fera tel, verra ses desseins tourner tout à rebours. C'est Henry de Lorraine, Duc de Guyse, nepueu du susdit Cardinal.

SVR IVILLET. 1562.

282 ᵃ *Droit mis au throſne du ciel venu en Frãce.*
ᵇ *Pacifié par vertu l'vniuers.*
ᶜ *Plus ſang eſpandre.bien toſt tournée chance*
Par les oyſeaux,par feu & non par vers.

   ᵃ Apres le decez dudit Cardinal, Henry de Valois ſe fait ſacrer &
couronner Roy de France à Rheims le 13. Feur & le 15.il eſpouſe M.
Loyſe de Vaudemont , de l'illuſtre & ancienne maiſon de Lorraine.
ᵇ Le deſſein du Roy Henry entré en France, eſtoit bien de maintenir
la paix & embraſſer tous ſes ſujets ſans difference d'aucune religion:
mais il en fut diuerty. ᶜ Ces deux vers appartiennent à l'an ſuyuant.

CENT. 4. QVAT 7.

283 ᵃ *Le fils mineur du grand & aimé Prince*
De lepre aura à vint ans grande tache.
ᵇ *De deul ſa mere moarra bien triſte & mince:*
ᶜ *Et il mourra là ou tombe chair lache.*

   ᵃ François Duc d'Aniou, d'Alençon & de Berry, IIII. fils du
Roy Henry II. le 18.de ce mois auoit vingt ans accomplis. ᵇ Ce vers
4.ſe doit referer à autre temps. ᶜ De la mort d'iceluy Duc d'Aniou,
comme elle s'entend,nous le dirons en ſon lieu.

CENT. 12. QVAT. 59.

284 ᵃ *L'accord & pache ſera du tout rompu:*
Les amitiez pollues par diſcorde.
L'haine enuieillie,toute foy corrompue,
Et ᵇ *l'eſperance.* ᶜ *Marſeille ſans concorde.*

ᵃ Le Roy renuoye les deputez du Prince de Condé, & du Mareſchal Danuille, venuz en Cour pour l'auancement & concluſion d'vne paix generale, reſolu de n'arreſter leurs articles. ᵇ De paruenir à vne paix generale & aſſeureé à tout le royaume. Voy I le Frere liure 30 de l'hiſt. des troubles. ᶜ Les Marſeillois ſont icy en tumulte, ne voulans endurer que le Roy ſe ſaiſiſſe des deniers de leur doane. Surius.

CENT. 6. QVAT. 11.

285 ᵃ *Des ſept rameaux à trois ſeront reduits.*
Les plus aiſnez ſeront ſurpris par mort.
ᵇ *Fratricider les deux ſeront ſeduits.*
Les coniurez en dormant ſeront morts.

ᵃ La plus part de ce quatrain a eſté eſpluché cy deuant. ᵇ Voy les occaſions que les Catholiques malcontens diſoient auoir, pour induire Monſieur Frere du Roy à ſortir de Cour & prendre les armes, dans l'hiſtoire de I. le Frere, au commencement du 28 li Et de fait, indigné de ſe voir traiter de iour à autre de telle façon, qu'il ne pouuoit ſe reputer que pour captif, trouue moyen de s'abſenter de la Cour eſtant lors à Paris, enuiron la my Septembre. Et s'eſtant retiré à Dreux place de ſon apennage, fut incontinent ſuiuy d'vn bon nombre de gentilshommes, & de perſonnages ſignalez d'vne & d'autre religion : où quelque temps apres les forces venuës d'Allemagne le vindrent trouuer, ſelon Surius, faiſans nombre le tout ioint enſemble, de trente mil hommes tant de pied que de cheual.

CENT. 8. QVAT. 92.

286 ᵃ LOIN *hors du regne, mis en hazard voyage:*
ᵇ *Grand oſt duira, pour ſoy l'occupera.*
ᶜ *Le Roy tiendra les ſiens captifs hoſtage.*
ᵈ *A ſon retour tout pays pillera.*

ᵃ Il prend icy le pere pour le fils nommé Henry de Bombon, Prince de Condé, qui eſtant en Allemagne enuoya en France 2000. Rei-

tres par le Sieur du Thoré, defaits en Bourgongne par le Duc de Guyſe. [b] Ledit Prince deuoit bien toſt ſuyure ledit Sieur du Thoré auec le
gros de l'armée: ce qu'il ne fiſt pour la treſue toſt apres faite , dit I. le
Frere, & que les Reitres ne paſſerent au deça du Rhin Surius toutefois dit le contraire, & qu'il furent iuſqu'au milieu de la Gaule auec
le Prince Caſimir. [c] Ie ne trouue rien de cecy. [d] Ce qu'il fiſt paſſant
par la Lorraine, Champagne, Bourgongne, Bourbonnois, Surius.

AOVST DE L'AN 1563.

287 [a] *Bons finement affoiblis par accords.*
[b] *Mars & Prelats vnis n'arreſteront.*
[c] *Les Grands confus.* [d] *par dons incidez corps.*
Dignes indignes biens indeus ſaiſiront.

[a] Le Roy du 22 de ce mois fait treſue pour ſix mois auec ſon frere
le Duc d'Aniou & les Proteſtans , par laquelle la religion pretenduë
reformée eſt accordée par prouiſion. I. le Frere li. 31. Surius ne dit rien
de celle treſue. [b] Les Martiaux & Eccleſiaſtiques ne ſeront long temps
en concorde. [c] Pour voir les choſes aller fort mal. [d] Le reſte a eſté expliqué cy deuant.

SVR NOVEME. 1562.

288 [a] *D'ennemi vent empeſchera la troupe.*
Le plus grand point mis auant difficil.
[b] *Vin de poiſon ſe mettra dans la coupe.*
Paſſer ſans mal de cheual gros fouſſil.
[a] Trois vers de ce quatr ont eſté declarez ailleurs [b] Le ſuſdit **Duc**
d'Aniou cuida eſtre empoiſonné, de Ruffec tirant en Berry, le 26 de ce
mois.

MAY DE L'AN 1566.

289 [a] *Entre peuple diſcorde, inimitié brutale.*
Guerre, mort de grands Prince. [b] *pluſieurs pars d'I-*
Vniuerſelle playe: [c] *plus fort occidentale.* (talie.
Tempore bonne & pleine, mais fort ſeche & tarie.

ᵃ La plus part de cecy a esté ailleurs expliqué. ᵇ Grandissime pestilence ceste année par toute l'Italie, la Pouille, Calabre, Sicile, Tur-
quie. Surius. ᶜ Ceste playe occidentale se pourroit entendre de l'Espagne, comme souuent affligée de pestilences : toutesfois i'aymeroy
mieux la referer aux guerres & troubles suruenuz en nostre Gaule du
costé d'occident plus qu'ailleurs.

CENT. 5. QVAT. 38.

290 ᵃ *Ce grand Monarque qu'au mort succedera,*
Donnera vie illicite & lubrique:
Par nonchalance à tous ᶜ concedera,
Qu'à la parfin faudra la ᵈ loy Salique.

ᵃ Ce Monarque est le Roy Henry I I I. qui fait la 5 paix, confer-
mant l'vnion de l'vne & de l'autre religion, & sur le fait de la iustice
vne chambre mi-partie en chacun parlement. ᵇ Ailleurs il dit d'iceluy,
Prompt, subit, negligence. ᶜ D'vser d'vne ou autre religion ᵈ Loy fonda-
mentale du royaume, par laquelle les masles seuls en ligne directe
sont receuz à la Couronne.

CENT. 5. QVAT. 72.

291 ᵃ *Pour le plaisir d'edict voluptueux,*
On meslera la ᵇ poison dans ᶜ la loy.
ᵈ *Venus sera en cours si vertueux,*
ᶜ *Qu'obfusquera du Soleil tout aloy.*

ᵃ C'est l'edict de May accordant la liberté de conscience & religion
aux pretenduz reformez. ᵇ L'heresie. ᶜ Dans la pure & saincte loy ᵈ On
ne parlera que de bal, danse & plaisir à la Cour des Roys. ᶜ Ce qu'ob-
scurcira la reputation du Prince, & peruertira la droite & vraye insti-
tution d'iceluy.

CENT. 8. QVAT. 14.

292 ᵃ *Le grand credit, d'or, d'argent ᵇ l'abondance*
Aueuglera par ᶜ libide l'honneur.
ᵈ *Congnue sera d'adultere l'offense,*
Qui paruiendra à son grand deshonneur.

ᵃ Delices royales. ᵇ L' ab ondance mere des vices ᶜ Libide, mot
eſcorché du Latin, Libido. ᵈAdultere celebre & congnu.

CENT. 4. QVAT. ²8.

293 ᵃ *Lors que Venus du Sol ſera couuert,*
Soubs la ſplendeur ſera la forme occulte.
ᵇ *Mercure au feu les aura decouuert:*
ᶜ *Par bruit bellique ſera mis à l'inſulte.*

ᵃ Deſcripion dudit adultere plus ample. ᵇ Les Aſtrologues dient que
Mercure decouure & diuulgue les adultaires, pource qu'il preſide à la
langue. ᶜ Le battu payera l'amande, l'intereſſé ſera enuoyé à la guerre.

CENT. Iᴸ. QVAT. ſ9.

²94 ᵃ *L'accord & pache ſera du tout rompu:*
Les amitiez pollues par diſcorde.
L'haine enuieillie, toute foy corrompue,
Et l'eſperance. ᵇ *Marſeille ſans concorde.*

ᵃ vi guerre ciuile, pource que les Eſtats tenuz à Blois en Nouembre & Decembre 1576. & Ianuier 77 arreſtent la rupture de l'edict de
paix precedent. ᵇ Le trouble Marſeillois a eſté touché cydeuant.

CENT. 4. QVAT. 44.

295 ᵃ *Lous gros de Mende, de Rhodez & Millau,*
Cahors, Limoges, Caſtres malo ſepmano:
De nuech l'intrado.de ᵇ *Bordeaux vn caillau*
Par Perigord au toc de la campano.

ᵃ Quels deſaſtres ſont ſuruenuz en ces villes, il ſe dira en leur téps
& lieu. ᵇ Au commencement de l'an 1577. apres la venüe & reconci-
liation de Monſieur frere du Roy auec ſa Maieſté, la Reole petite ville ſize ſur la Garonne, à neuf lieuës de Bordeaux , fut ſaiſie pour le
Roy de Nauarre. Les Bordelois irritez de ſe voir de ſi prez auoiſinez,
tant haut que bas ſur leur riuiere, s'en prindrent à aucuns Proteſtans
de leur ville, leſquels à la pourſuite du Marquis de Villars , Admiral
de France, & de l'authorité de la Cour de Parlement, furent le lendemain empriſonnez & enfermez iuſqu'au nombre de 300. des princi-

paux. I. le Frere li. 33. ds l hist. des trou. & Piguer li. 13. ᶜ Vn scrupule, vn doubte, vne molestie & soucy qu'auoient les Bordelois, lesquels donnerent à entendre ausdits Protestans enfermez, que ce n'estoit pour leur faire tort en leurs biens ny à leurs personnes : mais seule-ment pour empescher qu'ils ne leur fissent le semblable qu'auoit esté fait à la Reolle, dont ils estoient aduertis de se donner garde. Ledit I. le Fre. Piguer. & Dinoth lib. 6. de son hist.

SVR OCTOB. 1565.

296 ᵃ *Du tout changé.* ᵇ *perfecuter l'vn quatre.*
ᶜ *Hors maladie. bien loin mortalité.*
ᵈ *Des quatre deux plus ne viendront debatre.*
Exil, ruine, mort, faim, perplexité.

ᵃ Le Roy changé de mœurs & façons Sur 1555 l'Auteur disoit, Bon-té changée, le tout procedant de celuy qui veut perdre vn œil, afin que son ennemy soit priué des deux. ᵇ Ie m'asseure que nostre Pro-gnostiqueur touche icy le combat de six ieunes Gentils hommes fort fauoris du Roy, sçauoir le Comte de Cailus, le Baron de Ribe-rac, les Sieurs de Maugeron, Schomberg, Lyuarrot, & le puisné d En-tragues, qui s'appellerent vn matin pres la Bastille à Paris, & comba-tirent deux à deux : en sorte que quatre d'entre eux partie moururent sur le champ, partie blessez à mort decederent peu de iours apres Les deux derniers nommez eschaperent. Le Roy qui aymoit cordiale-ment Cailus & Maugeron les fist esleuer en marbre deuant le grand autel de l'Eglise S. Paul. Et pource que m'est tombé entre mains l'epi-taphe de ces deux, comprenant vn tiers bien fauory pareillement, qui quelque peu apres ce combat fut aussi tué, ie le mettray icy, comme venant de la boutique d'vn gentil esprit,

Mon DIEV recoy dedans ton sein
Maugeron, Cailus, Sainmegrein :
Veulle accueillir en ton gyron
Cailus, Sainmegrin, Maugiron :
Et au nombre de tes esleus
Sainmegrin, Maugeron, Cailus.

ᶜ Ce vers se doit referer ailleurs. ᵈ Il semble qu'il parle des deux qui se sauuerent, ausquels il presage exil, mort & ruine.

CENT. 4. QVAT. 44.

297 *Lous gros de* ª *Mende, de Rhodez et Millau,*
ᵇ *Cahors, Limoges, Caſtres malo ſepmano:*
ᶜ *De nuech l'intrado. de Bordeaux vn caillau*
Par Perigort au toc de la campano.

ª Au mois de Decem. 1579. le Capitaine Merle ſignalé pour ſes voͦ
leries, ſurprint en Auuergne la ville de Mende: de laquelle il enleua
vn merueilleux butin des biens que pluſieurs Eccleſiaſtiques & autres du plat pays auoient amené la dedans, comme en lieu de ſeureté.
ᵇ Quelque temps apres en l'an 1580. Lauardin Chef d'aucunes troupes
Proteſtantes, par la trahiſon du premier Conſul, ſaiſit Cahors ville
capitale de Quercy, auec murtre de pluſieurs gens de bien : puis ietta
les armes aux champs. Contre lequel enuoyé le Mareſchal de Biron,
apres la repriſe de pluſieurs places, pres Bergerac obtint ſur luy & autres Proteſtans vne belle victoire. I. le Fre. & Piguer. ᶜ La ville de
Mende ſus dite fut priſe par ledit Merle la veille de Noel, à belle mi-
nuit, lòrs que le peuple aſſiſtoit au ſeruice ſolennel accouſtumé de faire à tel iour. Cecy me fait ſouuenir du verſet, qui dit,

    De n'auoir garde ſera plus offenſé.
qui eſt du quatr. 97. de ce liure.

CENT. I. QVAT. 16.

298 ª *Faux à l'eſtang, ioint vers le Sagittaire,*
En ſon haut auge & exaltation,
Peſte, famine, mort de main militaire.
ᵇ *Le ſiecle approche de renouation.*

ª C'eſt à dire, lors que Saturne (qu'il entend par la Faux) ſe trouuera
au ſigne de ſon exaltation, la Balance, qu'eſt és années de 1569. & 70.
& en ſon auge, le Sagittaire, qu'a eſté 1574. & 75. & au ſigne du Ver-
ſeau (qu'il appelle Eſtang) qu'eſt ceſte année 1580. & quelques ſuyuants, on ſentira d'auantage les iuſtes chaſtimens & fleaux de l'ire de
Dieu, par la fureur & violéce des guerres, cruautez des maladies peſti-
feres, & par la famine. ᵇ Il dit ailleurs,

    Le grand moteur des ſiecles renouuelle.
Et a dit ſur 1555. Les cieux & ſes images font demonſtrance, qu'vn ſiecle nouueau de fer & de Saturne eſt de preſent.

CENT. 6. QVAT. 2.

299 ^a *En l'an cinq cens octante plus & moins*
On attendra le siecle bien estrange.
^b *En l'an sept cens & trois (cieux en resmoins)*
Regnes plusieurs, vn à cinq, feront change.

^a Siecle precedent bien estrange, mais encores plus le suyuant & futur. Sur 1558. L'Auteur s'escrioit ainsi, O quelle estiange mutation de temps les astres font apparoir ! & telle qu'oncques depuis le regne des Chrestiens n'a esté presque vne subite renouation de regne & de siecle. ^b Ny nous, ny noz enfans verrons ce qu'est icy dit & presagé.

CENT. 9. QVAT. 45.

300 ^a *Ne sera soul iamais de demander.*
^b *Grand* MENDOSVS *obtiendra son empire.*
Loin de la Cour fera contremander
Piedmont, Picar. Paris, Tyrrhen le pire.

^a Pour retrancher le cours de telles demandes, voy la requeste (non receuë neantmoins) que les Parisiens presenterent au Roy le 19. Dec. 1575 dans noz hystoriens. ^b Les trois vers derniers, pour le moins les deux, ne sont de ce temps, ains appartiennent à la Seconde face de nostre I A N V S.

CENT. 10. QVAT. 28.

301 ^a *Second & tiers qui font prime musique,*
Sera par ^b *Roy en honneur sublimée.*
^c *Par grasse & maigre presque à demy etique*
Rapport de Venus faux rendra deprimée.

^a Ceste symphonie & accord du deux à trois est appellee des Grecs δια πεντε, seconde en l'ordre des symphonies. Fulgence Placiades. ^b Henry III. estoit grand amateur de telle musique. ^c Si grande est la peruersité auiourd'huy du vulgaire, qu'il osera parler des Princes & Princesses sans honneur & respect.

CENT. 4. QVA. 7.

302 [a]*Le fils mineur du grand & aymé Prince*
De lepre aura à vingt ans grande tache.
[b] *De deul ſa mere mourra bien triſte & mince:*
[c] *Et il mourra là ou tombe* [d] *chair lache.*

[a] Ces deux vers ont eſté touchez cy deuant. [b] Ce troiſiéme conuient à l'an 1589 [c] François Duc d'Aniou, d'Alençon & de Berry, dont
cy deuant auons parlé, mourut à Chaſteau-Thierry le 10. de ce mois.
[d] L'Autheur icy ſemble ſignifier la mort d'iceluy eſtre cauſée par lepre: aucuns ont eſcrit tout autrement.

CENT. 12. QVAT. 59.

303 [a] *L'accord & pache ſera du tout rompu:*
[b] *Les amitiez polluës par diſcorde.*
L'haine enuieillie, toute foy corrompue,
Et l'eſperance. Marſeille ſans concorde.

[a] Icy commence la 7. guerre ciuile, qui de toutes a eſté la plus furieu-
ſe & longue. Bien me plait la diuiſion de noz troubles, auec le prognoſtic de celuy, qui appelle les prognoſtics fantaſques preſciences &
diuinations. C'eſt Eſt. Paſquier en ſes Lettres, qui dit, Ia à DIEV ne
plaiſe que mon Prognoſtic ſorte effeêt. Mais remarquant de noſtre
temps cinq aages des troubles: le tumulte d'Amboiſe, que ie compare
à l'enfance: les armes de ſoixante deux, que ie nomme l'adoleſcence: la
ſuite de 67. iuſqu'à 72. qui fut comme la force & virilité de noz maux
le ſiege de la Rochelle & autres deportemens iuſqu'à la Pacification
de l'an 1577. qui me repreſente vn temps, qui va entre la virilité &
vieilleſſe. Puis remettant deuant mes yeux ce qui s'eſt paſsé par la
France pendant l'entreiet de la paix, maintenant en ce dernier aête, qui
m'eſt le cinquiéme, & que i'eſtime eſtre la vieilleſſe, ie crain grandement, qu'il ne nous apporte vne fin, non des troubles, ains de noſtre
Republique. [b] Les Princes Catholiques ſe plaignoient de ce que par
les Eſtats dernierement tenuz à Bloys, on auoit conceu vne fort belle
eſperance, & trouuer les moyens de remettre vne bonne & ferme paix
en ce royaume, & d'arracher du cueur des Grands toutes ſimultez &
rancunes: mais que rien n'auoit eſté mis en execution, par les portemens d'aucuns ennemis de DIEV & de la vraye religion. Voy les autres points dans Surius.

CENT. 12. QVAT. 56.

304 ᵃ*Roy contre* ᵇ*Roy & le Duc contre Prince,*
Haine entre iceux, diſſenſion horrible.
Rage & fureur ſera toute prouince:
France grand guerre & ᶜ*changement terrible.*

ᵃ Les Princes Guyſiens (dit Surius) auoient pris les armes, & ietté ja
force troupes aux champs, mis bonnes garnizons dans Verdun, Toul
& autres villes de Lorraine: diſoient qu'il failloit chaſſer de la Cour
vn nombre de Mignons, & faire guerre aux Proteſtans. Le Roy eſtoit
dans Paris, qui accorde faire leuée contre iceux, voire iure qu'il leur
fera à bõ eſcient la guerre. ᵇLe Roy Henry contre le Roy de Nauarre,
eſtãt lors en diſcord. ᶜPar tout noſtre Prognoſtiqueur menace la Frãce d'vn grandiſſime changement. Et à la verité, ainſi que dit tres-bien
Paſquier au liure cydeuant allegué, Qui auroit dormy depuis la mort
du Roy Henry ſecond iuſques à huy, certainement à ſon reſueil il
trouueroit tant de changemens, qu'il penſeroit eſtre en vn nouueau
monde.

MARS DE L'AN 1564.

305 ᵃ*Entre Rois haines on verra apparoiſtre.*
Diſſenſions & guerres commencer.
Grands changemens. ᵇ*nouueau tumulte croiſtre.*
ᶜ*L'ordre plebée on viendra offenſer.*

ᵃ Ce quatrain eſt de meſme ſubſtance que le precedent. ᵇ Ce trouble icy ne fut pas excité par le Proteſtant, ains par le Catholique, qui
ſe plaignoit que le domaine du Roy eſtoit mal meſnagé, les Eccleſiaſtiques priuez de leurs reuenuz & decimes, la Nobleſſe meſpriſée &
chargée, & le commun peuple foulé d'impoz & ſuccides inſupporta-
bles. Voyla pourquoy il l'appelle nouueau. ᶜ Vne charge & rongerie
accumulera l'autre, dit-il ailleurs dont tres-bien a dit Horace,
Si les Grands ſont de meſfais,
Le peuple en porte le fais.

CENT. 3. QVAT. 98.

306 [a] *Deux royaux freres ſi fort guerroyeront,*
Entre eux ſera la guerre ſi mortelle,
[b] *Qu'vn chacun places fortes occuperont.*
De regne & vie ſera leur grand querelle.

[a] l'interprete encores cecy des Roys de France & de Nauarre, beaux freres. [b] Le Roy de Nauarre s'empiete peu à peu de la Guyenne & du Poitou.

CENT. 6. QVAT. 23.

307 [a] *Deſpit de regne numiſmes decrieʒ.*
[b] *Peuples ſeront eſmeus contre leur Roy.*
[c] *Paix, fait nouueau, ſaintes loix empirées.*
R A P I S *onq ſut en ſi tres dur arroy.*

[a] Deſcry des monnoyes du Roy de Nauarre par toute la France. [b] Les Pariſiens ne veulent preſter ayde au Roy contre le Duc de Guyſe, lequel ils diſent eſtre vtile au royaume & fidelle protecteur d'iceluy Surius. [c] Ces deux verſets n'appartiennent à ceſte année.

CENT. I. QVAT. 67.

308 [a] *La grand famine que ie ſens approcher,*
Souuent tourner, puis eſtre vniuerſelle:
Si grande & longue, qu'on viendra arracher
Du bois racine, & l'enfant de mamelle.

[a] Ceſte année eſt remerquable ſur autres pour les trois fleaux, grãde famine, peſte & guerre, dont peuple infiny eſt pery. I'ay horreur d'apporter ce que i'en ſçay par gens dignes de foy d'vne ſeule prouince de la Gaule. Auſſi diſoit noſtre Auteur ſur 1558 que l'on doit rapporter au temps de noz troubles, Le glaiue de D I E V eternel eſt luiſant par pluſieurs famines reyterées, mortalitez, effuſions ſanguinolentes & ſeditions populaires.

309 [a] *Au menu peuple par debats & querelles,*
Et par les femmes & defunts grande guerre.
[b] *Mort d'vne Grande.celebrer escrouelles.*
Plus grandes Dames expulsées de terre.

[a] La plus part de ce quatr.a esté expliqué cy deuant. [b] Reste ce seul
point que i'interprete de M Marie Stuart Royne d'Escosse, laquelle
ayant receu vne infinité de trauerses au moyen de ses subiets rebelles,
voire calomniée sur le decez de son second mary, refugie en Angleterre l'an 1567. inuitée par plusieurs messages & lettres emmiellées de la
Royne d'Angleterre s'aparéte. Où si tost qu'elle fut arriuée, elle expe-
rimenta les rigueurs d'vne dure prison, l'espace de vingt ans & plus:
en fin eut la teste trenchée par le commandement d'icelle, contre tout
droit: ainsi que plusieurs auteurs dignes de foy escriuent contre Buchanan, qui l'a merueilleusement decoupée. Nostre Prognostiqueur
sur l'an 1558.en parloit ainsi, comme effrayé de tel, Par la mer (il entend dans vn pays proche de la mer) seront de grandes mutations su-
bitement faites, qui seront telles, qu'on affermera *fatum, sortem ac fortu-*
nam consister entre les humains. O quelle variation ! attendre iusques à l'extremité, nullement exempte. Et sur 59. On passera les mers
pour quelque grand maniment & affaire La mort de quelque grande
Princesse. Et sur 1560 Se feront de grandes & secrettes conspirations,
ou Libra ha son quadrangle. L'Angleterre & Escosse sont souz le signe d'Aries, quadrangle de Libra, selon les Astrologiens.

CENT. 12. TETR. 55.

310 [a] *Tristes conseils, desloyaux, cauteleux,*
Aduis meschant. [b] *la loy sera trahie.*
[c] *Le peuple esmeu, farouche, querelleux:*
Tant bourg que ville toute la paix haie.

[a] Conseils malins ruine de la France. De ces mauuais Conseillers
nostre Auteur parle assez souuent, Les tumultes & esmotiôs(dit-il)
seront de telle vehemence, que ceux & celuy qui seront premiers promoteurs & inuenteurs du conseil, seront mis à la premiere pointe.
[b] On en voudra à la religion Catholique. [c] Tumulte de Paris suruē-
nu le 12.de ce mois appellé les Barricades.

CENT. 6. QVAT. 235

311 ^a *Deſpit de regne numiſme decrieZ.*
Peuples feront eſmeus contre leur Roy.
^b *Paix.* ^c *fait nouueau.* ^d *faintes loix empirées.*
^e *R A P I S onq fut en ſi tres dur arroy.*

^a De ce deſcry des monnoyes nous auons parlé prochainement, & des eſmotions populaires pareillement, qui commencerent l'an 1585. ^b Paix couuerte entre les Roys de France & de Nauarre. ^c Nouuel accident, c'eſt le ſuſdit trouble Pariſien. ^d On ſe plaignoit fort alors du meſpris des loix & de toute peruerſion ^e Depuis les Barricades ſuſdites, PARIS n'a point dormy de bon ſommeil.

SVR AVRIL. 1564.

312 ^a *Secret coniur. conſpirer populaire.*
^b *La decouuerte en machine eſmouuoir.*
^c *Contre les Grands †*
Puis trucidée ⊕ miſe ſans pouuoir.

^a Secretes coniurations d'vn coſté & d'autre, ſçauoir du Roy contre ſon peuple, & du peuple contre ſon Roy. De ceſte coniuration parloit noſtre Auteur en ſes Preſages de 1559. en ceſte façon. La conſpiration qui ſera faite à l'encontre de quelque Roy, ou homme, fera de grands maux au vulgaire & commun populace : moyennant aucunes ſecrettes conſpirations des citez & villes, pour la diuerſité des ligues, partialitez, ſectes & autres ciuiles factions. ^b Eſtant decouuert il machinera ouuertement. ^c De qui cecy eſt dit-il n'eſt aiſé à conceuoir.

CENT. 5. QVAT. 96.

313 ^a *Sur le milieu du grand monde* ^b *la roſe*
Pour nouueaux faits ſang public eſpandu.
^c *A dire vray, on aura bouche cloſe.*
^d *Lors au beſoin viendra tard l'attendu.*

^a Le Roy outre les troupes ordinaires qu'il auoit dans Paris affectées à ſa garde, en ayant fait venir de nouuelles, leur commanda de ſoy ſaiſir des principaux lieux & places de la ville. Les Pariſiens voyãs

tant de foldats, eurent pœur, fermerent leurs maifons, firent de barricades, & tout ce qu'eftoit expedient pour leur defenfe. Appellant à leur
fecours le Duc de Guyfe, qui ne fçachant rien (comme l'on croid.) de
l'entreprife, accourt accompagné du Comte de Brifac, le fieur de Bois-
daulphin & quelques autres, & attaque premierement les Suiffes : on
fe bat, on s'efchaufe : la victoire tombe du cofté dudit Duc de Guyfe.
Les Parifiens enflez de ce bon fuccez, fe prennent autant bien contre
les François, que lefdits Suyffes, & en depefchent quelques vns : vne
vingt taine fe trouuent bleffez, les autres font chaffez de leurs prifes
& defarmez. Ainfi fut apaifé ce trouble.[b] Noftre Auteur appelle Paris
la rofe du grand monde : comme s'il difoit, la fleur, le pourpris d'iceluy : le Sieur du Monin, tres-bon Poëte Grec, Latin & François, la
nommoit l'epitome du monde.[c] Ce vers fera touché cy apres.[d] Le Duc
de Guyfe arriue à propos dans Paris fur le temps de la coniuration
fufdite.

CENT. II. QVAT. 91.

314 [a] *Meyfnier, Manthi, & le tiers qui viendra*
Pefte & noueau infult, enclos troubler.
Aix & les lieux fureur dedans mordra.
[b] *Puis les Phocens viendront leur mal doubler.*

[a] L'occafion de ces trois Prouence fort affligée en diuers temps. Cy
deuant nous auons parlé des Sieurs de Manthi & Meyfnier, Baron
d'Oppede. Quant à ce tiers i'ayme mieux le laiffer à entendre, que
l'expliquer & nommer.[b] Ie ne compren pas bien ce qu'eft dit icy des
Phocens, qui font Marfeillois.

CENT. 12. QVAT. 52.

315 [a] *Deux corps, vn chef. champs diuifez en deux :*
Et puis refpondre à quatre non ouys.
[b] *Petis pour Grands.* [c] *à Pertuis mal pour eux.*
Tour d'Aigues foudre. pire pour Enffouis.

[a] La Prouence au milieu des troubles ha affaire & refpondre à quatre Seigneurs, qui tous neantmoins font mal obeys.[b] Les petis fe veulent faire obeyr, & reuerer comme Grands.[c] Pertuis, la Tour d'Aigues
& Enffouis font villettes de ladite Prouence.

CENT.

CENT. 12. QVAT. 4.

316 ^a *Feu, flamme. faim, furt, farouche, fumée*
Fera faillir, froiſſant fort, foy faucher.
Fils de Denté. toute Prouenee humée.
ᵇ *Chaſſé de regne.* ᶜ *enragé ſang cracher.*

ᵃ Ie pourroy ſpecifier de qui eſt dit cecy, mais iuſte occaſion le me
fait taire Pour le moins le Lecteur peut voir auec quel deſpit & cholere l'Autheur a eſcrit cecy contre ce fils de Denté, cauſe de tant de
maux en ſa patrie. ᵇ Il ſera chaſſé du regne. ᶜ Et la fin d'iceluy ſera
mauuaiſe.

CENT. 3. QVAT. 51.

317 ^a *Paris coniure vn grand murtre commettre,*
Bloys le fera venir à plein effect.
ᵇ *Ceux d'Orleans voudront leur Chef* ᶜ *remettre.*
ᵈ *Tours, Langre, Angiers leur feront grãd forfait.*

ᵃ Coniurations precedentes executées à la face des Eſtats aſſem-
blez à Blois en Decembre. ᵇ Le Sieur d'Antragues leur Gouuerneur.
ᶜ Poſſible faut il lire, demettre. ᵈ Pour auoir tenu le party contraire à
l'vnion Catholique.

CENT. 4. QVAT. 87.

318 ᵃ *Vn fils de Roy tant de langues apris,*
A ſon aiſné au regne different.
ᵇ *Son pere beau au plus Grand, fils compris,*
ᶜ *Fera perir princip al adherent.*

ᵃ C'eſt le Roy Henry III. fort bien apris aux langues & facond,
mais au regime different à ſes freres aiſné, & puiſné. ᵇ Ce vers entre-
meſlé brouille tout le ſens de ce quatrain, que ie lis ainſi, Son beau
pere, fils compris au plus Grand, C'eſt à dire, le Roy Henry aymera,
ſon beau pere, comme ſon fils propre. ᶜ Fera perir le Duc de Guyſe,
principal entre les ſiens.

SVR IVILLET. 1555.

319[a] *Huit,quinze & cinq quelle defloyauté*
Viendra permettre [b] *l'explorateur malin !*
Feu du ciel,foudre. [c] *pœur,frayeur Papauté.*
L'Occident tremble.trop ferre vin [d] *Salin.*

[a] Par ce nombre il femble demonftrer les executeurs du commandement du Prince. [b] Qui eft ceft explorateur & efpieur, ne fe peut
dire. [c] Tous les Catholiques font en grand frayeur & eftonnement.
[d] Salins eft au Comté de Bourgongne,ville fertile en bon vins.

CENT. I. QVAT. 52.

320 [a] *Les deux malins de Scorpion conioints,*
Le Grand Seigneur murtry dedans la fale.
†[b] *le noueau Roy ioint*

L'Europe baffe & Septentrionale.

[a] Par le confeil de deux malins dit l'Auteur,le grand Seigneur, affauoir le Duc de Guyfe,eft tué,non en champ de bataille, mais dãs vne
fale. Sur 1560. iceluy l'auoit dit ainfi, Quelcun fera aprehendé *in cubi-
culo alieno*, que ne feras fans tumulte grand. Et fur 59. il auoit ja dit,
Oncques à vie d'homme viuant du plus long aage, ne pourroit auoir
entendu ny ouy ce que dans ce mois (il entend Decemb.) fera faict &
entendu. La refiouyffance d'vn cofté en fera grande:par oppofite,le
genoul fur l'efchine fera bien renuerfé. L'infortune ne s attaquera
plus au fortuné. [b] Ce vers & demy n'eft de ce temps,ny de ce liure.

CENT. 8. QVAT. 60.

321 [a] *Premier en Gaule,premier en Romanie,*
Par mer & terre,aux Anglois & Paris.
Merueilleux faits par celle grand [b] *mefnie.*
Violant,tenax perdra [c] *le NORLARIS.*

[a] Vertu dudit Duc de Guyfe congnue par tout. [b] De Lorraine.
[c] NORLARIS, nom contourné de Lorrain, par lequel eft entendu
ledit Duc de Guyfe.

CENT. I. QVAT. 81.

322 [a] *D'humain troupeau neuf ſeront mis à part,*
De iugement & conſeil ſeparez.
[b] *Leur ſort ſera diuiſé en depart,*
κ α'π.θη']α ,λα'μϵ. *morts,bannis,eſgarez.*

[a] Les Seigneurs tant occis que faits priſonniers aux Eſtats furent
neuf ou dix principaux [b] Es anciens iugemens des Grecs K,eſtoit note d'abſolution ⊙,de mort▽.,de plus grande inſtruction de procez.

MARS DE L'AN 1560.

223 [a] *Fera paroir eſleu de nouueauté*
Lieu de iournée.ſortir hors des limites.
La bonté feinte de changer cruauté.
[b] *Du lieu ſuſpect ſortiront treſtous viſtes.*

[a] Ces deux premiers vers ne ſont de ceſt an [b] Le 4. s'entend des deputez aux Eſtats,qui tous eſperduz au bruit des nouuelles funeſtes,ſe
ſauuerent qui ça,qui là.

CENT. 1. QVAT 85.

324 [a] *Par la reſponſe de Dame Roy troublé.*
[b] *Ambaſſadeurs meſpriſeront leur vie.*
[c] *Le Grand,ſes freres contrefera,doublé.*
[d] *Par deux mourront ire,haine,enuie.*

[a] Ceſte Dame eſt la Royne mere du Roy. [b] Ambaſſadeurs Pariſiens
mandez deuers le Roy,apres le fait. [c] Le Duc de Mayenne tiendra bône mine,diſſimulera ſa douleur. [d] Tranſpoſons les mots,on y trouuera le ſens de l'Auteur,ſçauoir,Deux mourront par ire,haine,enuie.

CENT. 8. QVAT. 87.

325 [a] *Mort conſpirée viendra en plein effect.*
[b] *Charge donnée & voyage de mort.*
[c] *Esleu,creé,receu.* [d] *par ſiens defait.*
Sang d'innocence deuant ſoy par remord.

ᵃ Mort dudit Duc de Guyſe effectuée, laquelle l'Auteur repete, & ne ſe contente la bruire vne fois. ᵇ Autres ont charge du Roy d'aller par les prouinces executer ſon commandement ᶜ Cecy eſt dit de celuy, qui en apres ſera eſleu, creé & receu, pour defenſeur du party Catholique. Duquel auſſi le dernier vers ſe doit entendre. ᵈ Ceſt hemiſtiche n'eſt de ceſte année, & va plus auant.

CENT. 6. QVAT. 31.

326 ᵃ *Roy trouuera ce qu'il déſiroit tant,*

Quand le ᵇ *Prelat ſera repris à tort.*

ᶜ *Reſponſe au Duc le rendra malcontent,*

ᵈ *Qui dans Milan mettra pluſieurs à mort.*

ᵃ Il deſiroit, long temps auoit, la mort dudit Sieur Duc ᵇ Ce Prelat eſt le Sieur Cardinal de Bourbon. ᶜ La reſponſe que luy fera le Duc de Mayenne, le rendra mal content. ᵈ Ce quatriéme vers eſt du futur.

SVR DECEMB. 1563.

327 ᵃ *Mort par deſpit fera les autres luire:*

ᵇ *Et en haut lieu de grands maux aduenir.*

ᶜ *Triſtes concepts à chacun viendront nuire*

ᵈ *Temporel digne.* ᵉ *la Meſſe paruenir.*

ᵃ Pluſieurs des ſiens ont eſté aduancez en honneur par le decez dudit Duc de Guyſe. ᵇ La mort d'iceluy cauſe pareillement de beaucoup de maux en haut lieu. ᶜ Chacun ſe reſentira du mal. ᵈ Le Duc ſon trere, ſçauoir, entant qu'il ſouſtiendra ſans ambition l'Egliſe Catholique ᵉ Sur 1561. l'Auteur diſoit, Apparoiſtra eſtre conſerué & gardé ce que partant de temps a eſté eſtably. Et ſur 61. plus clairement, Et le PER OMNIA ſera durable & permanant *per omnia ſæcula ſæculorum.* Et ſur 66. il a dit, *La meſſe au ſus ſera.*
Qu'eſt pour donner contrechange au verſet cy deuant allegué.
Subit catharre &c. & monſtrer que l'auons bien expliqué.

SVR IANVIER. 1564.

328 *Temps fort diuers.* ᵃ *diſcorde deſcouuerte.*

ᵇ *Conſeil belliq.* ᶜ *changement pris, changé.*

ᵈ *La Grande n'eſtre .coniurez. par eau perte.*

ᵉ *Grand ſimulté.* ᶠ *tous au plus Grand rangé.*

ᵃ Les inimitiez icy ſe deſcouurent. ᵇ Apreſt de guerre. ᶜ Le Duc de Mayenne ſera en grand doubte s'il deura prendre les armes, ou non. ᵈ Mort de la Royne mere. ᵉ Simulté entre les plus Grands & diſcorde. ᶠ Tous les Catholiques ſe rengent du coſté dudit Duc de Mayéne.

MAY DE L'AN 1561.

329 ᵃ *Ioye non longue,* ᵇ *abandonné des ſiens.*
ᶜ *L'an peſtilent.* ᵈ *le plus Grand aſſailli.*
ᵉ *La Dame bonne aux champs Eliſiens.*
Et la plus part des biens ᶠ *froid non cueilli.*

ᵃ Le Roy ne ſera longuement en ioye. ᵇ Il eſt delaiſſé par vne grãd partie des ſiens, meſmes des Catholics. ᶜ Peſtilence ceſte année. ᵈ On fait bruit d'aller aſſaillir le Roy. ᵉ La Royne mere meurt le 5. du mois. Sur 1559. ſe trouue auſſi le treſpas d'icelle par ces mots, Encores ſe trauaillera la belle Venus, paracheuée aux Calendes de Ianuier. Et ſur 1561. il predit que le decez du Roy ſon fils n'en ſera eſlongné, Danger eſt, que quelque grand Dame ne meure, & auec elle vn ſien enfant. ᶠ L'autonne de ceſt année eſt fort pluuieux.

CENT. 8. QVAT. 18.

330 ᵃ *De* FLORE *iſſue de ſa mort ſera cauſe:*
Vn temps deuant par ieune & vieille ᵇ *bueyre.*
Car les trois ᶜ *Lis luy feront telle pauſe,*
Par ſon fruit ſauue, †

ᵃ Il diſſimule aucunement la cauſe de la mort de la Royne mere, puis l'explique, Et cy deuant il a dit, *De deul mourra, &c.*
ᵇ Bueyre, querelle, diſſention. Vn Poëte Prouençal a dit,
Per trop amar ay prez debbat é bueyra.
ᶜ Ses trois fils Roys. Au Prognoſtiq de 1559. il dit quaſi le meſme, Et ſera coniointe FLORA d'vne perpetuelle amour, concorde, foy vniõ & fidelle affinité auec les trois fleurs de Lys à vne. Suppli, reduites.

SVR MAY. 1555

331 ᵃ *Le cinq, ſix, quinze, tard & toſt lon ſeiourne.*
ᵇ *Le né ſans fin.* ᶜ *les citez reuoltées.*
L'heraut de paix vint & trois s'en retourne,
L'ouuert cinq ſerre nouuelles inuentées.

ª Le premier vers & deux derniers ont efté expliquez fur l'an 1555.
ᵇ Par ceft ambage tiré de l'hemiftiche de Virgile,

Imperium fine fine dedi, l'Auteur entend vn Roy fceptré,& mefmes
Henry III qui n'agueres eftoit né, lors qu'il efcriuoit cecy. ᶜ Lequel a
veu fes villes & citez fe rebeller côtre luy, pour les occafions fufdites.

CENT. 5. QVAT. 96

332 ª *Sur le milieu du grand monde la rose*
Pour nouueaux faits fang public efpandu.
ᵇ *A dire vray, on aura bouche clofe.*
Lors au befoin viendra tard l'attendu.

ª Trois vers de ce quatrain font touchez cy deuant. ᵇ Vn prefage de
l'Auteur fort beau efcrit fur l'an 58. obfcur toutefois, m'a fait repeter
en ceft endroit ce quatrain. Au temps (dit-il) que plufieurs citez feront
en rebellion, & vrayement citez, le paffé fera decouuert: ny pour cela.
Sera impofé filence tel que par les priftines. Rien ne fortira en plein
effect. C'eft à dire, à mon aduis, on ne viendra à bout de tant d'entre-
prifes, qu'on fera contre.

CENT. 6. QVAT. 3.

333 ª *Fluue qu'efprouue le nouueau né Celtique,*
ᵇ *Sera en grande de l'empire difcorde:*
ᶜ *Au ieune Prince par gent ecclefiaftique*
Le fceptre ofter coronal de concorde.

ª Il parle du Roy Henry III né au milieu de la France & fur les
bords de Seine. ᵇ Sera en grand peine fur la conferuation de fa couronne & authorité. ᶜ C'eft à dire, que la gent Catholique fe rebellera
contre luy, & s'effayera le priuer du fceptre. Ie ne veux icy mettre par
efcrit ce que fut fait & dit en plufieurs villes au mefpris du dit Prince,
afin que ie ne femble rafraichir les playes de ce royaume confolidées,
& remettre en memoire ce que doit eftre caché & enfeuely dans l'eternel oubly.

CENT. I. QVAT. 36.

334 ª *Tard le Monarque fe viendra repentir*
De n'auoir mis à mort fon aduerfaire.
ᵇ *Mais viendra bien à plus haut confentir,*
Que tout fon fang par mort fera defaire.

ᵃ Le Roy Henry ſe repent de n'auoit occis ledit Duc de Mayenne, ſon grand aduerſaire. A ce propos i'ay vn preſage, qui m'a fait bien reſ- uer autrefois, qui eſt tel ſur 1560. Le ſiecle d'or(il entend de fer) com- mencera à ſoy renouueller: mais le nombre de cinq n'y ſera iuſques à la parfin compris. Se repentant que n'aura fait ce, dont l'occaſion ne ſe preſentera plus: & ſe trouuera deſtitué des Latins. Il y a ley du my- ſtere qui ne ſera par tous entendu. Par les Latins i'enten le ſouuerain Pontife & Cardinaux, deſquels ce Roy, pour le fait que deſſus, perdra l'appuy & faueur. ᵇ Il eſt vray ſemblable, que telle eſtoit l'intention d'iceluy, d'extirper toute la maiſon de Lorraine.

SVR IANVIER. 1557.

335 ᵃ *L'indigne orné craindra* ᵇ *la grand fornaiſe.*
ᶜ *L'Eſleu premier.* ᵈ *des captifs n'en retourne.*
ᵉ *Bas Grand du monde.* ᶠ *Itale non à l'aiſe.*
ᵍ *Barb. Iſler, Malte. & le* ʰ *Buy ne retourne.*

ᵃ Celuy qui auoit receu tant de dons indignement, fuira & craindra de ſe trouuer dans Paris, qui bouillonnoit d'ire & de maltalent contre luy. ᵇ Il appelle icy Paris, la grand fornaiſe : & aux Preſages de 1559. fornaiſe d'or, comme ville par cy deuant pleine de biens & de richeſ- ſes. Il dit ainſi, La ſerenité durera longuement.

Florebit & aurea fornax, & regnabit tempore incerto.

C'eſt à dire, la fortune proſpere d'icelle ville durera vn fort lõg temps, mais non touſiours: comme ſubiette, ainſi que les autres, à mutabilité & changement. ᶜ Duc de Mayenne fait Lieutenant general de l'Eſtat de France. Ailleurs il dit,

Le grand Senat decernera la pompe. A vn. &c.

ᵈ Peu retourneront des captifs cy deuant touchez. ᵉ C'eſt le Roy Hen- ry abandonné des Catholiques. ᶠ L'Italie ne prendra plaiſir à noz tragedies. Ou bien, Le Pape, les Cardinaux ſeront merueilleuſement eſtonnez & dolents de la mort des deux Princes Guyſiens. ᵍ Ce vers a eſté expliqué cy deuant. ʰ Nom de certain Capitaine.

SVR NOVEMB. 1563.

336 ᵃ *Par mort mort mordre.* ᵇ *conſeil, vol. peſtifere.*
ᶜ *On n'oſera Marius aſſaillir.*
ᶜ *Deucalion vn dernier trouble faire.*
ᵈ *Peu de gens ieunes: demy morts treſſaillir.*

ᵃ La mort des Sieurs de Guyſe mordra, c'eſt à dire, ſaignera lõgüe- ment ᵇ Il a dit cy deuant,

Triſtes conſeils, deloyaux, cauteleux.

ᵃ Qui eſt ce Marius, & qui Deucalion, il ſe peut iuger, ſans le dire icy.
ᵈ Comme s'il diſoit, Les guerres ſeront ſi cruelles & ſi longues, que peu de ieunes gens reſteront

MAY DE L'AN 1560.

337 ᵃ *Pache Allobrox ſera interrompu.*

ᵇ *Derniere main fera forte leuée.*

ᶜ *Grand coniuré ne ſera corrompu.*

ᵈ *Et la nouuelle alliance approuuée.*

ᵃ Pache entre les Allobroges Catholics & Proteſtans arreſté le 24. de ce mois, & rompu ſix mois apres par leſdits Proteſtans ᵇ l'interprete cecy du Sieur d'Eſdiguieres, qui ſur la fin de l'an occupa preſques tout le Daulphiné ᶜ C'eſt le ſuſdit Duc de Mayenne, conſtant en ſes entrepriſes ᵈ C'eſt l'vnion iurée entre les villes Catholiques, pour ſoy defendre côtre les aſſaults & moleſtes des Proteſtans : laquelle il nomme nᵒ uelle, comme renouuellée & formée ſur le moule de celle qui fut baſtie l'an 1585.

AOVST DE L'AN 1561.

338 ᵃ *Mort & ſaiſi. des nonchalans le change*
S'eſlongnera en s'approchant plus fort.

ᵇ *Serrez vnis en la ruine, grange.*

ᶜ *Par ſecours long eſtonné le plus fort.*

ᵃ Le Duc de Guyſe mort & ſaiſi, les Catholiques s'apreſtoient à vn eſtrange changement. ᵇ Leurs ennemis ne failliront à s'vnir pour les ruiner & perdre, s'ils peuuent ᶜ Poſſible entend il le ſuſdit Duc de Mayenne, attendant le ſecours d'Eſpagne ou d'autrepart.

CENT. 2. QVAT. 89.

339 ᵃ *Du ioug ſeront demis les deux grands Mai-*
ᵇ *Leur grand pouuoir ſe verra augmenté.* (ſtres:

ᶜ *La Terre-neuue ſera en ſes hauts eſtres.*

ᵈ *Au Sanguinaire le nombre racompté.*

ᵃ Sont leſdits Duc de Guyſe & de Mayenne, l'vn grand Maiſtre, l'autre grand Chambellan de France. ᵇ Comme ayans l'vn & l'autre receu de grands feueurs du peuple François. ᶜ Le Duc de Sauoye Sieur de

Terre-

Terre.neune. ᵈ Le nombre des troupes ennemies luy ſera rapporté.

AOVST DE L'AN 1557.

340 ᵃ *De la grande Cour banni. conflit,* ᵇ *bleſſé*
Eſt eu. ᶜ *rendue .accuſé, mat. mutins.*
Eu feu cité Pyr.eaux venims , preſſé.
Ne voguer onde, ne facher les Latins.

ᵃ l'interprete ce premier vers dudit Duc de Mayenne, comme declaré rebelle audit Roy Henry, & pource banny de ſa Cour. Et non
feulement iceluy, mais encores le Duc d'Aumale & le Cheualier ſon
frere priuez de toutes dignitez & honneurs : tous trois declarez def-
loyaux & rebelles, comme conuaincuz de leze Maieſté , eux & leurs
poſteres : & tous ceux qui leur preſteront ſecours & ayde de meſme.
Ledit Roy en fait autant proclamer de Paris, Orleans, Amyens, & autres ſemblables. ᵇ l'enten encores ce mot d'iceluy meſme. ᶜ Ces trois
vers ſont fort obſcurs & ne touchent ce temps.

CENT. 10. QVAT. 37.

341 ᵃ *Grande aſſemblée pres du lac du Borget,*
Se rallieront pres de Montmelian:
Paſſants plus outre penſifs feront proiet:
Chambry, Moriane. ᵇ *combat Saint-Iulian.*

ᵃ Troupes du Duc de Sauoye s'aſſemblent autour de Chambery,
Montmelian, S Iean de Moriane, pour aller deuant Geneue. ᵇ S. Iu-
lian village pres de Geneue, d'où les approches furent faites.

CENT. 3. QVAT. 46.

342 ᵃ *Le ciel (Plancus la cité) nous preſage*
Par clairs inſignes & par eſtoilles fixes,
Que de ſon change ſubit s'approche l'age,
Ni pour ſon bien, ni pour ſes malefices.

ᵃ En cet endroit ie repete ce quatrain, pour n'obmettre rien de memorable, que ie voye eſtre touché par noſtre Auteur : d'autant qu'en
ce temps Lyon ſecondement a receu de ſi grandes incommoditez &
pertes en ſes foires & grands traffics, en ſes changes & commerces
auec toutes nations, pour le malheur du temps & paſſages fermez par
toute la France, qu'à bon droit on peut dire n'eſtre pas auiourd'huy ce

T

grand Lyon qui a esté au passé. Ce qu'asseurement il a remarqué ailleurs, quand il a dit,

Le gros traffic du grand Lyon changé.

Mais on dira que cecy luy a esté commun auec plusieurs autres.

SVR NOVEMB. 1558.

343 [a] *Venus la belle entrera dedans* FLORE.
[b] *Les Exilez secrets lairront la place.*
Vefues beaucoup. mort de Grand on deplore.
[c] *Oster du regne. le Grand Grand ne menace.*

[a] Madame Christierne de Lorraine, fille de l'Illustriss. Charles Duc de Lorraine, espouse future du sereniss. Ferdinand de Medecis, grand Duc de la Toscane, partie de France, arriue le 29. du mois d'Auril en vn chasteau pres de Florence, où le lendemain le Seigneur Cesar, cousin du Duc, luy ayant imposé le diademe, accompagnée de 15. Euesques, de plusieurs Princes & noblesse iusques à la porte dite, *Del prata*, entra dans Florence, où elle fut receuë de son espoux auec grandiss. resiouyssance & triomphe: & menée dans la grande Eglise, fut proclamée grand Duchesse de la Toscane. [b] Ces deux vers mitoyens ne se rapportent pas icy. [c] I'ay dy cy deuant comme cecy se doit interpreter.

CENT. II. QVAT. 62.

344 [a] *Guerres, debats. à Bloys guerre et tumulte.*
Diuers aguets. [b] *adieux inopinables.*
[c] *Entrer dedans chasteau* [d] *Trompette, insulte:*
Chasteau du Ha, qui en seront coulpables.

[a] Blois l'an 1568. fut prise par les troupes de Gascongne & de Prouence, dont estoient Chefs les Vicomtes de Mont-clair, Bourniquet, Poncenat & Mouuans. I. le Frere & Piguer. Mais ce tumulte dont est parlé dans ce quatrain, & ces diuers aguets ie les enten des choses dernierement faites & executees en ladite ville, du temps des Estats. [b] Ie me persuade du tout que ces adieux inopinables doiuent estre rapportez au Duc de Mayenne. Car qui n'attribuera à grand faueur de fortune qu'vn simple Duc, bien que d'illustre maison & race que nostre Auteur Cent. III. quatr. C. dit

Entre Gaulois le dernier honoré.

s'entend auparauant, au rang des Princes) soit des trois parts de ce royaume esleu Lieutenant general de l'Estat & Couronne d'iceluy, & soit recherché pour le Prince à qui tous les Parlemens, la plus part de

la Nobleſſe & peuple veullent obeyr, & le prendre pour leur Protecteur & defenſeur ?c Ie ne ſuis fort aſſeuré, que l'hiſtoire que ie vay
dire, ſoit propre icy: toutefois pource qu'ell'eſt de meſme temps que
ces adueux inopinables, ie la mettray telle que ie la treuue Les Bour-
delois ayans entendu que l'illuſtriſſ. Cardinal de Ioyeuſe, eſtoit enuoyé en France par le Pape, & ia auoit paſſé par Lyon, eſperans que
ceux qui tenoient le party de l'Vnion auroient du meilleur, prindrent
les armes & dechaſſerent de leur ville leur Gouuerneur, qui tenoit le
party du Roy de Nauarre d Dans Bordeaux ſont deux chaſteaux tres-
forts, l'vn appellé Trompette, qui eſt le principal: & l'autre de Ha.

C E N T. 10. Q V A T   43.

245 a *Le trop bon temps, trop de bonté royale.*
b *Faits & defaits. prompt, ſubit, negligence.*
c *Leger croira faux d'eſpouſe loyale.*
d *Luy mis à mort pour ſa beneuolence.*

a Facilité trop grande du Roy Henry. b Les Seigneurs faits & defaits par iceluy, ſont icy notez c La Royne meſme ſon eſpouſe luy
viendra en ſoupçon, ſans occaſion. d Pour auoir porté trop d'amitié à
d'aucuns. Ie pourrois apporter lieux infinis, où la mort de ce Prince &
Roy eſt preſagée: mais ie me contenteray de ceſtui-cy , Pour le ſeur
(dit l'Auteur ſur 1561 regardant icy) quelque ſiniſtre inconuenient
aduiendra à vn Monarque des regions de Cancer, qui ſera delaiſſé des
ſiens: là ſeront les plus grands Dominateurs en extreme danger de
leur vie, honneur & puiſſance. Pluſieurs d'eux cuidans aller en auant,
iront bien en arriere Et peu apres, notant ce mois,

    Hic finis Priami hic, &c.   Que i'ay ainſi traduit,
    Du Roy Priam icy ſera la fin:
    Icy ſera ſon ſiniſtre deſtin.

Remarquant par ce Priam, vn grand Roy.

C E N T. 9. Q V A T. 36.

346 a *Vn grãd Roy pris être les mains d'vn ieune,*
b *Non loin de Paſques.* c *confuſion. coup* d *cultre*
Perpet. cattif temps! que foudre en la hune.
e *Trois freres lors ſe bleſſeront, & murtre.*

a Vn ieune Religieux Iacobin tua ledit Roy Henry eſtant à Sainct
Clou pres Paris, au milieu de ſon camp & de ſes troupes. Ce qu'au
Prognoſtic de 1562. l'Auteur monſtre plus clairement qu'en ce qua-

traîn, quand il dit , Les Roys auront des ennemis & aduerſaires du
peuple, Religieux & freres, qui preſchent la loy. Et en celuy de 63. il
dit, Sera entendu la mort de deux, d'vn entre les autres perſonnages,
que puis on entendra eſtre en pleine vie: & donnant à entendte que le
bruit ſera faux, endommagera ceux qui trop toſt s'en ſeront reſiouys.
Mais vrayement de l'autre , la trop male auanture ſera veritable. Ie
m'aſſeure qu'il touche ce que ie remerquay en ce mois, où la mort de
ce Roy, & celle du Sieur de la Vallette eſtant lors en Prouence, furent
ſemées, & tennës long temps pour vrayes, l'vne l'eſtant & non l'autre.
Par vn autre de ladite année 63 apparoiſtra à qui aura bon flair, que ce
Voyant a preueu auec icelle, le deſinement de ceſte maiſon & race. Deſ-
faillira vn Roy és Occidentaux, ſelon la ſupputation des plus ſça
uants en l'Aſtrologie, & ce tant par vie, que par autre deſailliment.
ᵇ Ce fut le Mardy premier de ce mois : vray eſt que la coniuration a
peu eſtre baſtie & faite dés les Paſques precedents. ᶜ Dés le treſpas
d'iceluy toute confuſion s'eſt enſuyuie au regne, par les querelles &
partialitez ſuſdites en iceluy. ᵈ L'Autheur monſtre le coup fait auec
vn couſteau. ᵉ Ce dernier vers m'eſt incongnu.

CENT. 12. QVAT. 69.

347 ᵃ E I O V A S *proche,* ᵇ *eſlongner lac Leman:*
ᶜ *Fort grands apreſts.* ᵈ *retour, confuſion.*
ᵉ *Loin des nepueux, du feu grand Supelman.*
ᶠ *Tous de leur ſuite,*†

   ᵃ E I O V A S, nom contourné de Sauoye. ᵇ L'Alteſſe de Sauoye
fait leuer ſon camp deuant Geneue. ᶜ Fort grands apreſts auoient eſté
faits auparauant & de long temps pour icelle combatre ᵈ Neantmoins s'en retournerent les troupes ſuſdites ſans auoir rien fait. ᵉ Le
Roy d'Eſpagne fournit ſoldats & argent, bien que loin de ſes nepueux
& de la guerre. ᶠ Tous ceux qui eſtoient de telle entrepriſe s'en retour-
nent fruſtrez.

DE L'ADVE-

DE L'ADVENEMENT A LA COVRONNE DE FRANCE, DE TRES-ILLVSTRE ET TRES-GENEREVX Prince, Henry de Bourbon, Roy de Nauarre.

Ensemble de la grandeur & prosperité à venir de sa Magesté.

A TRES-VERTVEVX ET MAGNANIME SEIGNEVR, MONSEIGNEVR Alphonse Dornano, Cheualier des ordres du Roy, Conseiller en son Conseil d'Estat, Capitaine de cent hommes d'armes de ses Ordonnances, & son Lieutenant general és prouinces de Daulphiné & Languedoc.

MONSEIGNEVR, ayant souuenance que sont quatre ou cinq ans, vous estant à Grenoble à l'Euesché, & venant à propos de parler des predictions nompareilles de ce grand Prophete de nostre temps Michel de Nostredame, lequel i'auois cogneu priuément autrefois, ie me hazarday de vous annoncer par icelles, le trespas de fut Henry III. Roy de France d'heureuse memoire, & quant & quant (si ie ne me trompe) l'aduenement à la Couronne du Roy tres-Chrestien à present regnant. Chose qui par le succez & effects subsequents fut trouuée non seulement veritable, mais encores si estrange & aliene de l'opinion qu'vn chacun auoit conceuë qu'on ne le pouuoit croire és regions de par deça, bien qu'il fut aduenu. Et combien depuis auõs nous veu de gageures faites, que cedit Roy tres-Chrestien ne seroit oncques sacré ni receu! Mais telles gens mont tousiours semblé compter sans l'hoste, ainsi qu'on dit, & n'attribuer point à DIEV ce qu'on luy doibt attribuer, duquel sont les conseils inscrutables & vrais abismes. Desorte que par là on peut voir que les royaumes principautez &

V

grandes dominations sont changées & transferées selon sa sainte
volonté, & que d'icelle les Prophetes sont les vrais nonces & messagers. Et pourautant que le temps nous a asseuré dauantage de ce
que dessus, & outreplus decouuert de fort belles choses, ie me suis
aduise MONSEIGNEVR, pour vostre heureuse entrée & ne-
gociation en ce païs de Lyonnois, (que seul auez rendu à son ancien Seigneur) vous en faire participant d'aucunes non de toutes
car ie n'auroy iamais fait, les remettant à la Seconde face de nostre
IANVS FRANCOIS, quand il verra la lumiere soubs le bon
plaisir du Roy : de celles di-ie, qui sont de ce temps & proches de
nous. Et commenceray par ce quatrain 14 de la Centurie 4. du-
dudit Auteur.

> *La mort subite du premier personnage.*
> *Aura changé & mis vn autre au regne:*
> *Tost, tard venu à si haut & bas age,*
> *Que terre & mer faudra que lon le craigne.*

Ce premier personnage est le dit fut Roy Henry III. dont le decez a esté fort subit. Le reste du quatrain parle de ce Roy son successeur, lequel est dit estre tost venu au regne & en bas age, n'ayāt
plus de trente cinq ans, lors qu'il fut declaré Roy & heritier de la
Couróne par sondit predecesseur : & tard venu à si haut age, pour
n'en iouïr entierement iusqu'apres son an quarantiéme, ou sa Magesté est auiourdhuy. Le 4. vers nous annonce que la fortune de
sadite Maiesté sera si prospere & sa grandeur telle, qu'elle se fera
craindre par mer & par terre.   Le second quatrain sera cestuicy
tiré de la 9. Centurie.

> *Ne sera soul iamais de demander.*
> *Grand MENDOSVS obtiedra son empire.*
> *Loin de la Court fera contremander*
> *Piedmondt, Picart. Paris, Tyrrhen le pire.*

Le premier Vers appartient audit Roy Henry III. les autres à
cestuicy, où il dit que le grand VENDOMOIS (car en Mendosus
est escrit Vendosme, par vn anagrammatisme) obtiendra le roy-

aume dudiſt Henry III. & luy ſuccedera. Outre plus redemande-
ra le Piedmont(ou marquizat de Saluces) la Picardie, Paris,& dauantage la Toſcane, de la main de ceux , qui auiourdhuy les poſ-
ſedent iniuſtement. Le tiers ſera tiré d'vn preſage de l'Auteur fait
ſur l'an 1567.ou il dit,

Du Pere au fils s'approche. Magiſtrats dits ſe-
Les grandes nopces ennemis garbelans   (ueres.
De la tens mis auant.pour la foy d'improperes.
Les bons amis & femmes contre tels groumelans

C'eſt à dire, Le fils eſt heritier de ſon pere & de ſes ayeuls, pource doibt il ſucceder au Royaume : dont Meſſieurs du Parlement &
Magiſtrats ſerót accuſez de trop de ſeuerité, pour ne le vouloir receuoir. Puis il paſſe au mariage auec Madame Marguerite fille de
France,qui fut 1572. dequoy auons parlé cy deuant page 101. &
expliqué ce reſte. Le quart dit ainſi,qui eſt de la Cent.9.qua 50.

MENDOSVS *toſt viendra à ſon haut regne,*
Mettant arriere vn peu le NORLARIS.
Le Rouge bleſme le maſle à l'interregne.
Le ieune crainte & frayeur Barbaris.

Voyez Monſeigneur,comme ce Prophete perſiſte en ſon propos, & dit que ſans doute ſa Majeſté paruiendra à ſon haut regne
& exaltation : en rejettant tous ceux qui luy voudront contrarier,
meſmes les Princes Lorrains,qu'il entend par Norlaris. Car il diſt
autrepart, *Obſtacle oſté,* comme icy, *Le Rouge bleſme,* par lequel il entend l'oncle de ſadite Majeſté dernierement decedé.   *Le maſle à*
interregne, C'eſt Monſ. le Duc de Mayenne, qui à iouï quelques
annees de l'interregne. Nous appelons interregne , tout le temps
auquel ſe querelle & diſpute le regne , & qu'il ny à point encores
de Roy receu ny declairé. Le dernier vers n'appartient point à
ceſte matiere. Que ſadite Majeſté dechaſſera leſdits Princes Lorrains, cela eſt tout clair nó ſeulemét par ce preſag.Cen.10.qua.18.

Le rang Lorrain fera place à Vendoſme.

mais par vne infinité d'autres, que ie pourrois alleguer de cestuy
nostre Auteur, ou il dit, quelle les pourliura bien auant. Et seray
content de cestui-cy pris de la mesme Centurie, Qua. 76.

Le grand Senat decernera la pompe
A vn qu'apres sera vaincu chassé:
Des adherans seront à son de trompe
Biens publiez. ennemys dechassez.

C'est à dire, que Messieurs du parlement de Paris donneront
(& l'ont fait) la preéminence sur le royaume à vn Prince & Seigneur, qui en fin de compte sera chassé & vaincu. Donques sadite
Majesté entrera dans Paris & en iouïra, & tien que sera bien tost.
Nostre Prognostiqueur à dit quelque part, Le triouuirat durera
sept ans. Par ce triouuirat entendant trois personnes, qui aspirerōt
au regne, & le querelleront par l'espace de sept ans ou enuiron.
M. Iean Bodin excellēt personnage de ce tēps, qui à fait ces beaux
liures de la Republique, semble auoir pesché en ceste riuiere, in-
terpretāt ainsi le presage susdit en vne lettre sienne imprimee 1590.
I'ay aperçeu (dit il) par la cognoissance des histoires tant sacrees
que profanes, que les grands & notables changemens des empires
Royaumes & Monarchie se font en cinq ou six ans, le septiesme
estant le nombre sacré, mistic & diuin, auquel le repos & la tran-
quillité se donne: à fin que l'homme n'entre en desespoir & ne per-
de courage, & quil trouue relasche en ses miseres. Il dit ainsi, &
commence lesdits sept ans à l'an 1583. & mois de May, lors que
Messieurs les Parisiens firent leurs barricades. Donques à ce compte la sixiesme annee de ces troubles & guerres dernieres sera ex-
piree dans le mois de May prochain: dans lequel temps selon icelle raison Philosophique apprecuee, est vray semblable que PARIS
tombera & prestera ioug à son Seigneur & Roy naturel A quoy se
conforme vn quat. de nostre Auteur de la Cent. 6. qui cōmēce ainsi

Fluue Celtique changera de riuage.
Saturn. Leo, Mars Cancer.

Où il veut dire que les habitans de Seine, sçauoir les Parisiens,
changeront non de riuage, ny y lairront leur ville, ains de Seigneur,
& feront vn signalé change, lors que l'estoille de Saturne possede-
ra le signe du Liō, & Mars celuy de l'escreuice. Que sera au mois de
May & Iuin prochains, au pl' tard. Vn autre est de la Cen. 2. qu. 39.

Vn an deuant le conflict Italique,
Germains, Gaulois, Eſpagnols pour le fort,
Cherra l'eſchole, maiſon de Republique,
Ou hors mis peu, ſeront ſuffoquez mort.

Par ce preſage, qui appartient à ce temps, les Gaulois transfe-
reront leurs guerres & diſlenſions au Piedmont & en Italie bien
toſt:mais au parauant l'eſchole & ſeminaire des republiques, qui
eſt Paris, cherra, ſçauoir ſera ſubiuguee par ſadite Majeſté.   Ou
hors mis peu ſeront ſuffoquez par mort, ſçauoir, pendant le ſiege
& auant la reddition d'icelle.   En ſes autres commentaires qu'il à
faits dez 1555 iuſqu'à 67. qu'à dict noſtre Prophete? Choſes autant
ou plus admirables. Mais adniſons de qui il parle, & le notons di-
ligemment Celuy (*dit il*) qui deſire auoir ce quantiquement luy eſt
deu, prendra luy meſme l'expeditiõ pour faire le plus grand voyage: & à ſon retour ſera chanté par triomphe de victoire Gauloiſe,

HIC ERIT E. L. R. D. E. V.
REGIAQ. IMPERII NOMINE
SCEPTRA GERET.

Vn autre, Ie trouue qu'vn prompt aſſaut ſera dóné par le grãd
ſuperſtite de BRENNVS, non à V. mais à R. Se trouueront plus
de veirres caſſez, que de vaiſſeaux : combien que ne ſe pourra gar-
der peu à peu de tort:eſtant leur ancienne felicité conuertie à l'oppoſite. Et le Grãd d'aage mediocre ſera icy de merueilleuſe frayeur
Vn tiers, On verra infailliblement la triple couronne eſtre bien pro
che : de ſorte que BRENNVS ſon ſucceſſeur, qui iadis miſt les
Romains en extreme neceſſité, ne fiſt iamais tel casau fait bellique
que fera ceſtui cy, reduiſant ſes copies & exercites à la mode du
ſiecle Macedonien.   *Vn quart.* Grande faſcherie ſera pour ceux
qui auront fait telles entrepriſes. Combien que ſans difficulté il
obtiendra domination, qui s'approche dans Septemb. Mais quelques pluyes, tonnerres & autre variation de temps feront tel em-
peſchement, que le ſault de la principale entrepriſe ſera perdu &
failli. Il viendra ce neantmoins au bout de ſon principal deſſein &
TOTIVS ORBIS MONARCHA Ie ne veux declarer quoy, ne
qui ſera. *Vn quint.* Petoſiris Egyptien en ſes Tables de reuolutions
dit, qu'au mois enſuiuant, (il entend de Septem. ſuſdit) & les deux
oppoſites à iceux, (les mois oppoſites à Septem. & Octob. ſont A-

uril & May: l'Auteur ne specifiant point l'année, combien qu'il est
vray semblable par le discours precedent, que sera celle-cy) appa-
roistra quelque nouueau Roy, lequel augmentera son regne de
plusieurs parasanges: & seront faites incursions de regions en autres. *Vn sixiesme,* Quelque grand Monarque par radicale extirpa-
tion (comme s'il disoit, Venant à la Couronne par ligne directe, la
race precedente estant faillie) pacifiera le tout, sçauoir les troubles
meus tant pour la religion, que pour l'Estat. Autant en a il dit par
ce quatrain, qui parle des troubles derniers.

Mars & le sceptre se trouuerra conioint.
Dessoubs Cancer calamiteuse guerre,
Vn peu apres sera nouueau Roy oint,
Qui par long temps pacifira la terre.

Apres ce l'Auteur fait ce souhait, D I E V vueille pacifier le
tout, & soustenir celuy qui le pacifira. Ie pourrois icy commode-
ment faire fin M O N S E I G N E V R, (bien qu'en ceste matiere presques nulle fin se presente) mais à l'occasion du nombre septenaire,
qui clost & acheue tout, i'adiousteray vn presage septiéme, presage certainement d'importance, & qui merite bien d'estre remarqué
sur tous autres. Mais ie suis marri qu'il a esté mal entendu & interpreté par ce diuin poete & Interpreté de noz Roys, Iean Dorat, (
qui iadis fut mon maistre es lettres Grecques, & que ie nomme par
honneur) l'ayant attribué au feu Roy Henry I I I du nom, deceu
en ce mot C H I R E N (duquel nostre Prophete à souuent vsé pour
H E N R I C, mot Prouençal, que nous disons H E N R Y) lequel iat-
tribue plustost au Tres Chrestien Roy à present regnant, portant
semblable nom. I'en ay de bonnes marques & tesmoignages, dont
parties apparoist & reluit en ce que i'ay apporté precedemment:
i'en ay d'autres que iespere traiter bien amplement au liure second
de mon I A N V S. Qui fait que ie ne doubte point de ce que dessus
moyennant la grace de celuy, qui tout modere & gouuerne. Mais
espluchons ce que ce gentil & tres docte Poete chante en l'Epithalame, qu'il a fait sur le mariage d'Anne Duc de Ioieuse, & M. Marie de Lorraine, qui se treuue au 4. liure de ces Poëmes: où il de-
scrit ce Theatre pompeux (qui fut basti pres le Louure à Paris) &
ses arcades, & mesmes l'arc Royal, au seul Roy consacré, ou estoit
figuré tout ce que dez l'enfance luy estoit aduenu, ou aduenir deuoit selon ledit Poete. Ce qu'estoit monstré par quatre femmes,

repreſentans quatre aages de ſa Mageſté:dont voicy la deſcriptió
de deux,& premierement de la tierce.

> *Tertia rurſus erat duo cuius ſceptra ferebat*
> *Læua manus, magnúmque premebat dextra trophæum.*
> *Argumentum ingens, victoria magna quòd illum*
> *Euentura manet, dum ſceptra ætate virili*
> *Bina feret, Galloſque reget, paritérque Polonos.*

Ce que ie trouue ainſi traduit,

> *L'age troiſieſme eſtoit au vif repreſenté*
> *Par celle, qui auoit vn double ſceptre enté*
> *Dans ſa feneſtre main, & deſſous ſa main dextre*
> *Vn trophee tenoit, qui faiſoit clair paroiſtre,*
> *Qu'en ſon age viril grands ſuccez obtiendroit*
> *Quand à France & Pologne vn ſeul commanderoit,*

Ce qu'il dit en l'aage viril, reſpond à mon aduis, au preſage allegué. *Le Grand d'aage mediocre.* &c. La deſcription de la quatrieſme
femme, ou aage eſt telle,

> *Vltima regali fuit ætas fœmina vultu,*
> *Imperij cuius manus vna inſigne coronam,*
> *Altera fertque globum, ſummo ſtat cuius in orbe*
> *Augurium arcanum, CHIREN venerabile nomen,*
> *HENRICI verſis quod conficit ex elementis:*
> *Scilicet ipſe olim ſummo quòd in orbe ſedebit.*

Le François eſt tel.

> *Le dernier age eſtoit, vne Dame royalle,*
> *Qui portoit d'vne main couronne imperiale,*
> *De l'autre vn globe rond, ſur lequel on liſoit*
> *(Grand myſtere)CHIREN, lequel tourné faiſoit*
> *Le ſacré nom HENRIC, qui mis au chef du monde,*
> *Doit vn iour commander a la machine ronde.*

Cela respond au presage ,

REGIA QVE IMPERII NOMINE SCEPTRA GE-
RET. & à l'autre, TOTIVS ORBIS MONARCHA. Pour
signifier vne chose grande , nostre Prognostiqueur vse souuent
d'hyperboles. Le Poete poursuit sa route,

> *Sed magis vt claris pateat res tota figuris*
> *Testudo tabulas capiebat regia septem*
> *Inter vtrumque latus , quibus ordine picta patebat*
> *Regalis genesis.*　　　C'est à dire,

> *Mais pour mieux figurer & exprimer le tout ,*
> *L'arcade contenoit de l'vn à l'autre bout*
> *Sept tableaux tous de rang , qui par viue peinture*
> *Adombroit clairement toute sa geniture.*

Au tiers tableau le Poete apporte la fable ancienne de Ilie fille de Numitor Roy des Albanois , touchee par Virgile au premier
de l'Eneide : laquelle Mars ayant trouuee sur les bords du Tybre
endormie , prist son plaisir d'elle , & soy plaignant icelle du tort
receu, Mars vient à la consoler par ces vers, que i'ayme mieux alleguer en Latin, pour estre tresbien faits, bien que le François ser-
suiura aussi tost.

> *-- At hanc optati factus amoris*
> *Compos, sic placido mulcet solamine Mauors,*
> *Pone puella metum, nihil hinc tibi triste nocebit:*
> *Virginea viridans sed crescet Laurus ab vrna,*
> *Quæ spaciosa vmbra terrarum contegat orbem.*
> *Ne vanam esse putes, quæ nuper noctis imago*
> *Visa tibi : de te nascetur nobilis infans,*
> *Ex illoque nepos : cingetur mœnibus huic mons*
> *Iste, sed ille vna longo post tempore pugna*
> *Marte potens , totum mittet sua sub iuga mundum,*
> *Maximus vt Regum Rex , sitque potensque potentum.*

> *Disant, Vierge en qui gist mon amour singuliere,*
> *N'aye pœur, aucun mal de moy ne t'aduiendra:*
> *Ains de ta cruche vn iour vn laurier prouiendra*

Qui croissant iusqu'au ciel en verdoyant ramage,
Couurira terre & mer d'vn spatieux ombrage
Car le songe n'est vain qu'en dormant tu as veu.
Enfant de toy naistra, & de luy vn nepueu:
L'vn qui premier ceindra ce haut mont de muraille,
Et l'autre, qui long temps apres d'vne bataille
Mettra les quatre coins du monde soubs ses loix,
Fait Seigneur des Seigneurs & le grand Roy des Rois

Par ces vers le poete dit que le fut Roy Henry estoit le vray
Mars de la France, comme filz du Dieu Mars & descendant de Ro
mulus premier fondateur de Rome: lequel Henry deuoit gaigner
vne grande bataille sur ses ennemis, au moyen de laquelle il ran-
geroit beaucoup de peuples sous ses loix. Ledit Poete ayant tou-
iours l'œil & la pensee sur les presages, qui deuant son apportez,
Il poursuit.

Talia Mars & mox diuina Laurea dextra
Ligna manu tangens, iam tum super omnia Laurus
Vt sit, ligna, dedit, quæ tellus educat alma.
Qualis conspicua est Henrici numine florens
Laurea, de cuius nascetur semine quondam
Ilie, & intacto qui mundum subdere coget
Colla iugo, quod eo rerum potente subibit.

Ainsi dist le dieu Mars, & de sa main diuine
Touchant le verd laurier, dez lors fist qu'il domine
Sur tous arbres, qui sont sur la terre croissans:
Tel qu'on void de Henric trois lauriers florissans,
Duquel vn iour naistra, & de sa chaste Ilie
Lignee, qui fera que tout le monde plie
La teste soubs le ioug, qu'il luy imposera.

Pour le seur Iehan Dorat à creu que ledit Roy Henry auroit
lignee, & la voulu faire croire à d'autres, par vn vers qui est de la
Centurie 2 quat. 11. qu'en la premiere face de nostre I A N V S auōs
expliqué & di comm'il se doit entédre. Iceluy (à mon aduis) pour
vn seul presage qui se treuue ne doit estre tant credule, consideré
que nostre Prognostiqueur repete assez souuent ce quil tient pour
X

ferme & stable. Ce n'est tout voicy le meilleur.

Ante sed euentus hos dextro Marte secundos
Magnus inaurata cinctus per colla catena
Ducetur captus, mediæ qui ad mœnia Lanæ
Signa, suósque omnes amittet. Nec priùs omne
Romanum imperium (quod Gallis fata reseruant)
Deficiet, Regi quàm maxima per mare classis
Fusa sit, Vt ponat nimios gens Barbara fastus.
Ipsius & iussu multorum colla catenis
Vincta resoluentur. Tales pictura triumphos
Regis adumbrarat post tempora certa futuros,
Quos statuis tabulísque Arcus natalis habebat,
Miræ artis tabulis, quarum sua quæque docebat
Argumenta notis in summa grandibus arce.
Quis namque Vsus eris statuis, mutísque tabellis,
Si non reddat eos scriptura diserto loquaces?

Mais auant tel succez on luy amenera
Vn Grand d'or enchainé, qui perdra la bataille
Auprés du Demi-laine: & auant que defaille
L'empire des Romains aux François destiné,
Par oracles diuins luy est determiné,
Qu'il desfera par mer vne nauale classe,
Pour rabaisser l'orgueil de la Barbare audace
Et que plusieurs captifs aux rames enchainez
Par son commandement seront desenchainez.

Tels triomphes futurs adombrez par figures,
Contenoit l'arc natal en tableaux & sculptures:
Tableaux, qui pour se faire entendre en lieux diuers,
Chacun d'eux son subiet portoit en peu de Vers.
Car dequoy peut seruir la muette peinture,
Sans la faire parler par diserte escriture?

Cecy est pris d'vn presage escrit sur l'an 1559. qui est tel.
Et ceux qui sont & serôt enchainez pieds & mains en chaines d'or
Vous qui lisez cecy & viurez verrez de grands cas. Et ailleurs est

dit. *In caucam ferream.*ſera conduit. Lautre eſt tiré de la Cent. 2 qui dit.

> *Pour la faueur que la Cité ſera*
> *Au Grand, qui toſt perdra champ de bataille:*
> *Fuy le rang Pau: le Theſin verſera*
> *De ſang, feux, morts, noyez, de coups de taille.*

Paſſera au mont I o v i s le Gallique Ogmion, accompagné de ſi grand nombre, que de bien loin l'empire de la grand loy luy ſera preſenté. C'eſt ce que nous auons touché cy deuant,

> *-- Le nouueau Roy ioint*
> *L'Europe baſſe & Septentrionale.*
> *Vn peu apres, non point long interualle,*
> *Par terre & mer ſera fait grand tumulte:*
> *Plus grand beaucoup ſera pugne nauale.*
> *Le grand* CH I R E N *oſtera du Longin*
> *Tous les captifs, par Seline banniere.*

Voila d'ou Iean Dorat a peſché ces beaux preſages, dôt il s'eſt fait honneur, ſçachant côbien la vaticination embellit la pœſie, & la rend admirable. D'ou vient que les Poetes ſont appelez Vaticinateurs. Ronſard dit quelquepart en ſes Odes.

> *Le Poete ſaint, le miniſtre des Dieux*
> *Vit ſans grands biens, d'autant qu'il aime mieux*
> *Abonder d'inuentions,*
> *Que de grands poſſeſſions.*
> *Mais* DI E V *iuſte, qui diſpenſe*
> *Tout en tous, les fait chanter*
> *Le futur en recompenſe,*
> *Pour le monde eſpouuanter.*

De ce Grand d'or enchainé & captif Parle derechef ledit Dorat au premier liure de ſes Epigrammes, adreſſant ſon vers audit Roy H.....ry III. aiuſi,

Si mea præcinuit populis te Mufa Polonis
Regem, cur tibi non præcinet imperium?
Irrita non Vatum funt omina: tu modò cura
Dignus vt imperio fisque vocante D E O.
Tu fortis Rex ille, D E I *qui numine folo*
Imperium potiens, Thracia regna domes.
Externis ad quem veniet captiuus ab oris
Auro vinctus, & hinc nomine Victor eris.

Que nous auons ainfi traduit & eftendu pour plus claire intelligence.

Si ma Mufe à predit, ô Prince des François,
Que tu ferois vn iour le Roy des Polonois:
Pourquoy ne pourra elle auiourdhuy te predire,
Pour le temps aduenir, vn tout nouuel empire?
Moyennant que tu fois par vn foin vertueux,
Digne d'vn tel prefent, fauorifé des cieux.
La voix des Poetes faints n'eft inutile & vaine,
Comme ayans du grand D I E V *l'oreille fouueraine.*
Tu es ce Roy heureux, qui feras iouiffant
Par bellique vertu, d'vn empire puiffant:
Le Barbare qui tient les hauts murs de Byzance,
Flechira foubs les loix de ta grande puiffance.
Et de pais eftrange vn Grand d'or enchainé,
Clos en cage de fer, te fera amené:
Et lors nous enuoirons iufqu'au ciel tes louanges,
Comme au Vainceur des Rois & des peuples eftranges.

Toutes lefquelles chofes & geftes beaux i'aimeroy beaucoup
mieux interpreter de ce Roy tres-Chreftien (ainfi que i'ay di)
comme deues par les prefages cy deuant alleguez & confrontez
à leurs marques & fignes propres. Ce que ie referue à traiter plus
amplement à la Seconde face de noftre I A N V S F R A N C O I S,
comme à fon lieu propre & deu.   Et fur ce feray fin à ce petit
difcours,

MONSEIGNEVR, *craignant de vous en-*
nuyer de plus long propos, & prieray le Seigneur
des Seigneurs & le Roy des Roys, qu'il nous fa-
ce la grace de nous reſiouir longuement & tout le
peuple Francois, de la conuerſion de ſadite Ma-
geſté à ſon Egliſe Catholicque, Apoſtolique, &
Romaine, qui eſt la vraye Egliſe: & nous tenir
en l'obeiſſance d'icelle Mageſté tres Chreſtienne:
& vous donne ſanté, accroiſſement d'honneurs,
& lentier: accompliſſement de voz plus hauts
deſirs. De Lion ce 19. Feurier 1594. par

Voſtre treshumble &
treſobeiſſant ſeruiteur

I. A. D. C. B.

www.ingramcontent.com/pod-product-compliance
Lightning Source LLC
Chambersburg PA
CBHW050014100426

42739CB00011B/2639